新时代新理念职业教育教材・机车车辆类
在线课程"机车模拟驾驶演练"配套教材
高等职业教育"互联网+"新形态立体化教学资源特色教材

电力机车应急故障处理

主　编　赵　威　潘京涛　王国松
副主编　孙　波　于　栋　刘亚明

北京交通大学出版社
・北京・

内 容 简 介

本教材是纸质教材+互联网平台的新形态教材，在编写时充分考虑高职学生的文化背景、学习能力，以及高职教师特点，本教材简单、实用、好用、知识覆盖全面，是结合现场实践经验编写而成的。

本教材将当前铁路上用于干线牵引的主力机型 SS_4 改、HX_D3、HX_D3B、HX_D3C、HX_D3D 作为主要教学目标。对于每一个机型，均首先介绍其特性、主要设备布置、司机操纵台、机车操作、列车操纵等，然后再重点讲解机车的应急故障处理办法，主要培养读者的实际操作能力和解决问题能力。

图书在版编目（CIP）数据

电力机车应急故障处理 / 赵威，潘京涛，王国松主编；孙波，于栋，刘亚明副主编．—北京：北京交通大学出版社，2022.1（2023.1 重印）

ISBN 978-7-5121-4683-9

Ⅰ．① 电… Ⅱ．① 赵… ② 潘… ③ 王… ④ 孙… ⑤ 于… ⑥ 刘… Ⅲ．① 电力机车－故障诊断 ② 电力机车－故障修复 Ⅳ．① U269.6

中国版本图书馆 CIP 数据核字（2022）第 013098 号

电力机车应急故障处理
DIANLI JICHE YINGJI GUZHANG CHULI

策划编辑：张　亮　　责任编辑：陈跃琴

出版发行：北京交通大学出版社　　电话：010-51686414　　http://www.bjtup.com.cn

地　　址：北京市海淀区高梁桥斜街 44 号　　邮编：100044

印 刷 者：艺堂印刷（天津）有限公司

经　　销：全国新华书店

开　　本：185 mm×260 mm　　印张：12　　字数：300 千字

版 印 次：2022 年 1 月第 1 版　　2023 年 1 月第 2 次印刷

印　　数：3 001 ～ 5 500 册　　定价：69.00 元

本书如有质量问题，请向北京交通大学出版社质监组反映。对您的意见和批评，我们表示欢迎和感谢。

投诉电话：010-51686043，51686008；传真：010-62225406；E-mail：press@bjtu.edu.cn。

前言

Preface

本书是纸质教材＋互联网平台的新形态教材，是紧跟高职教育的发展，并结合企业对技能型人才的培养需求编写而成的。本书以典型工作任务为驱动，将当前铁路上用于干线牵引的主力机型 SS_4 改、HX_D3、HX_D3B、HX_D3C、HX_D3D 作为主要介绍对象，对于每一种机型，首先介绍其特性及主要设备布置，然后介绍司机操纵台、机车操作、列车操纵等，最后重点阐述机车的应急故障处理，主要培养读者的实际操作能力和解决问题能力。

本书由黑龙江交通职业技术学院赵威、潘京涛、王国松担任主编，由中国铁路哈尔滨局集团有限公司哈尔滨职工培训中心教务科工程师孙波及黑龙江交通职业技术学院于栋、刘亚明担任副主编，具体编写分工如下：赵威编写模块 1、3、5；王国松编写模块 2；潘京涛编写任务 4.1、4.2；刘亚明编写任务 4.3，于栋编写任务 4.4、4.5；孙波负责整本教材的统稿工作。

由于编者水平有限，书中难免存在错误和不妥之处，恳请广大读者批评指正。

编　者

2022 年 1 月 20 日

目录

Contents

模块 1

SS_4 改型电力机车

韶山$_4$改型电力机车，代号 SS_4 改，是在 SS_4、SS_5 和 SS_6 型电力机车的基础上，吸收了 8 K 型电力机车的一些先进技术设计的。机车由既各自独立又互相联系的两节车组成，每一节车均为一个完整的系统。

（扫描二维码，学习更多内容）

任务 1.1　SS_4 改型电力机车特性及主要设备布置

SS_4 改型电力机车是八轴重载货运机车，每节车有两个 B_0—B_0 转向架。SS_4 改型电力机车由两节完全相同的四轴机车用车钩与连挂风挡连接组成，其间设有电气系统高压连接器和重联控制电缆，以及空气系统重联控制风管，可在其中任一节车的司机室对全车进行统一控制。另外，在机车两端还设有重联装置，可与一台或数台 SS_4 改型电力机车连接，进行重联运行。

机车采用国际标准电流制，即单相工频制，电压为 25 kV。转向架采用独立供电方式，且每台转向架有相应独立的相控式主整流器，可提高黏着利用。电制动采用加馈制动，每节车的四台牵引电机主极绕组串联，由一台励磁半桥式整流器供电。空气制动机采用 DK-1 型制动机。机车功率持续 6 400 kW，最大速度 100 km/h，车长 2×15 200 mm，轴式 2（B_0—B_0）。机车采用传统的交—直传动形式，具有四台两轴转向架，主整流装置采用三段不等分半控调压整流电路。机车电气制动系统采用加馈电阻制动，使机车低速制动力得以提高。机车辅助系统采用传统的旋转式劈相机单、三相交流系统。

布置任务

- 了解 SS_4 改型电力机车的主要技术特点。
- 认识 SS_4 改型电力机车设备布置原则。
- 认识 SS_4 改型电力机车设备布置特点。

相关资料

1.1.1　SS_4 改型电力机车的主要技术特点

① 机车持续功率 6 400 kW，两节重联结构，并可两台机车（4 节）重联运用。

② 采用不等分三段半控桥晶闸管相控调压。

③ 采用加馈电阻制动（具有机车持续速度以下保持最大恒制动力的最良好的低速制动性能）。

④ 采用 P-L-C 功率因数补偿和三次谐波滤波装置，提高了功率因数，降低了谐波分量。

⑤ 具有空转（滑行）保护装置和轴重转移补偿装置，大大提高了机车黏着牵引力的发挥。

⑥ 采用包含牵引控制、电制动控制、功率因数补偿控制、轴重补偿控制、空转（滑行）保护控制、空电联合制动控制等多功能的电子控制装置。

⑦ 机车牵引、制动特性采用恒流准恒速控制，具有无级调速特性和三级磁场削弱控制。

⑧ 采用转向架牵引电机并联的独立供电调压整流电路。

⑨ DK-1 型空气制动机的改进具有空电联合制动功能。

⑩ B_0 转向架采用单元基础制动器，推挽式低位斜杆牵引装置。

知识链接

大秦铁路上的运煤列车

在大秦铁路全长 653 km 的线路上，平均不到 15 min，就有一列运煤列车呼啸而过。这些列车很长，以至于不选择一个合适的地点，从车头都看不见车尾，如图 1-1 所示。

图 1-1　大秦铁路上的 SS_4 改型电力机车

这些忙忙碌碌、来去匆匆的“车影”，构成了大秦线特有的风景，也正是这些“主角”，成就了大秦铁路世界煤炭运量最大、运输效率最高的美誉。大秦线上的 SS_4 改型电力机车牵引的是 20 000 t 煤列。

随着我国国民经济的发展，煤炭运输需求持续增长，大秦铁路的运输任务也越来越重。大秦铁路经济吸引区内已探明煤炭储量近 6 000 亿 t，约占全国煤炭总储量的 60%，承担着全国四大电网、十大钢铁公司和 6 000 多家工矿企业生产用煤和出口煤炭的运输任务，煤运量占全国铁路总煤炭运量的近 1/7。在大秦铁路一步一个台阶的运量增长过程中，2 万 t 重载列车的开行，发挥了重大作用。

2 万 t 重载列车于 2004 年 12 月 12 日进行了首次试验。当时，试验列车由四台 SS_4 改型电力机车分部牵引、204 辆 C_{80} 型煤运专用敞车组成，全长 2 658 m，总重 20 000 余 t。

此次列车试验由湖东电力机务段承办，列车从山西朔州里八庄站出发，经过 9 h 40 min 的运行，安全抵达位于渤海之滨的柳村南站，试验取得了圆满成功。2006 年 3 月 28 日，2 万 t 重载列车正式开行。

1.1.2 SS_4 改型电力机车设备布置原则

为了保证运行中设备的可靠和安全，在有限的车体空间内，既要便于设备的检查、维修和拆装，又要使重量保持均衡，因此 SS_4 改型电力机车的设备布置遵循以下原则。

① 必须保证重量分配均衡。

② 要充分满足设备的安装、拆卸、检查和维修需要。

③ 节约导线、电缆，以及压缩空气、冷却空气的管路。

1.1.3 SS_4 改型电力机车的设备布置

1. 设备布置特点

① 采用双边走廊，分室斜对称布置。

② 设备屏柜化、成套化，便于车下组装，车上吊装，结构紧凑，维修方便。

③ 除轴流式通风机组外，其他设备平面单层布置，设备拆装互不影响。

④ 根据单端司机室的特点，将噪声较大的劈相机、主压缩机等辅助机组安装在远离司机室的Ⅱ端辅助室内，噪声大大低于 SS_1 型电力机车。

⑤ 在布线和布管结构设计上，采用控制电路的预布线和机车管路的预布管结构。

⑥ 平波电抗器采用油冷方式，且与主变压器共用油箱和油散热器风冷系统。

⑦ 除牵引电机外，所有的电气设备都布置在车体上，其中绝大部分布置在车体内，既安全可靠，又便于检查。

2. 各区域布置的设备

设备布置采用双边纵走廊和设备斜对称布置方式，根据作用不同可分为六个区域：司机室、Ⅰ端电器室、变压器室、Ⅱ端电器室、辅助室和车顶。

1）Ⅰ端电器室设备布置

Ⅰ端电器室与司机室相邻，安装的主要设备有Ⅰ号端子柜、Ⅰ号硅机组和PFC电容柜、Ⅰ号高压电器柜、复轨器、Ⅰ号牵引通风机组、Ⅰ号低压电器柜、Ⅰ号制动电阻柜。

2）Ⅱ端电器室设备布置

Ⅱ端电器室安装的主要设备有Ⅱ号制动电阻柜、Ⅱ号低压电器柜、Ⅱ号牵引通风机组、上车顶梯、Ⅱ号高压电器柜、Ⅱ号硅机组和PFC电容柜。与Ⅰ端电器室设备基本斜对称布置。

3）变压器室设备布置

变压器室安装的主要设备有机车主变压器和PFC开关柜，以及机车保护、测量和控制用的三种交流电流互感器等电气设备。

4）辅助室设备布置

辅助室布置的主要设备包括电子电源柜、空气制动柜、劈相机、压缩机组、空气干燥器、起动电容柜、二号端子柜和综合柜，柜顶安装有轮缘润滑控制器和电阻制动记录仪。

5）车顶设备布置

车顶安装的设备主要有单臂受电弓、空气断路器、金属氧化物避雷器、高压电流互感器、高压电压互感器、高压连接器、车顶高压母线与绝缘子。

车顶的入口设置在Ⅱ端电器室的车顶顶盖上，当顶盖打开时，顶盖将与车顶的高压母线的接地装置相连接，使车顶上的高压设备全部接地，以利保护司乘人员人身安全。

学习工作单

任务 1.1	SS_4 改型电力机车特性及主要设备布置		
学习小组		姓名	
✧ 学习工作 1.1.1　SS_4 改型电力机车的主要技术特点			
✧ 学习工作 1.1.2　SS_4 改型电力机车设备布置特点			
✧ 学习工作 1.1.3　SS_4 改型电力机车设备布置原则			

（扫描二维码，学习更多内容）

任务 1.2　SS$_4$ 改型电力机车操纵台认知

布置任务

- 了解 SS$_4$ 改型电力机车司机室的构成。
- 认识 SS$_4$ 改型电力机车换向手柄和调速手柄。
- 认识 SS$_4$ 改型电力机车辅助司机控制器。

相关资料

1.2.1　SS$_4$ 改型电力机车司机室的构成

SS$_4$ 改型电力机车操纵台主要分为正司机操纵台和副司机操纵台。

正司机操纵台包括电空制动控制器、空气制动阀、速度表、1 个电钥匙开关和多个扳键开关，如图 1-2 所示。扳键开关包括主断路器扳键开关、受电弓扳键开关、劈相机扳键开关、主压缩机扳键开关、牵引风机扳键开关、制动风机扳键开关、前照灯及副前照灯扳键开关。

图 1-2　SS$_4$ 改型电力机车司机室

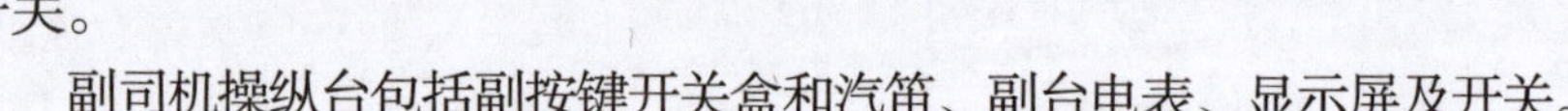

副司机操纵台包括副按键开关盒和汽笛、副台电表、显示屏及开关。

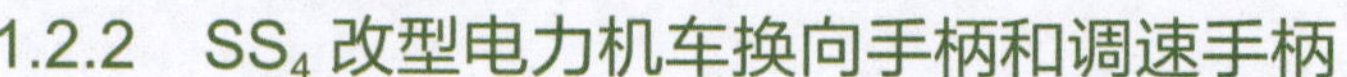

1.2.2　SS$_4$ 改型电力机车换向手柄和调速手柄

调速手柄牵引区有 10 个级位，制动区有 10 个级位，牵引区 1.5 级以上可以实现牵引通风机的自动起动，在牵引区 6 级以上可以实现磁场削弱调速。

图 1-3　换向手柄和调速手柄

换向手柄有 7 个位置，除了我们熟悉的零位、前位和后位，还有制位及 1-2-3 级磁场削弱位，如图 1-3 所示。

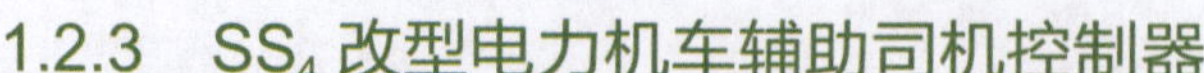

1.2.3　SS$_4$ 改型电力机车辅助司机控制器

辅助司机控制器也叫调车控制器，如图 1-4 所示。它安装在司机左侧窗下面，司机可以站在车门外侧实现对辅助司机控制器的控制，但车速一般不会太高。

图 1-4　辅助司机控制器

1.2.4　空气制动阀

空气制动阀俗称小闸，是电力机车制动机的操纵部件，其作用位置有缓解位、运转位、中立位、制动位。电空位操作时，它用来单独控制机车的制动与缓解，与列车的制动、缓解无关。通过其上的电空转换扳钮转换后，可以操纵全列车的制动与缓解。另外，下压手柄可单独缓解机车的制动压力。空气制动阀如图 1-5 所示。

1.2.5 电空制动控制器

电空制动控制器俗称大闸，是 DK-1 型制动机的操纵部件，其作用位置有过充位、运转位、中立位、制动位、重联位、紧急位，用来控制全列车的制动与缓解。电空制动控制器如图 1-6 所示。

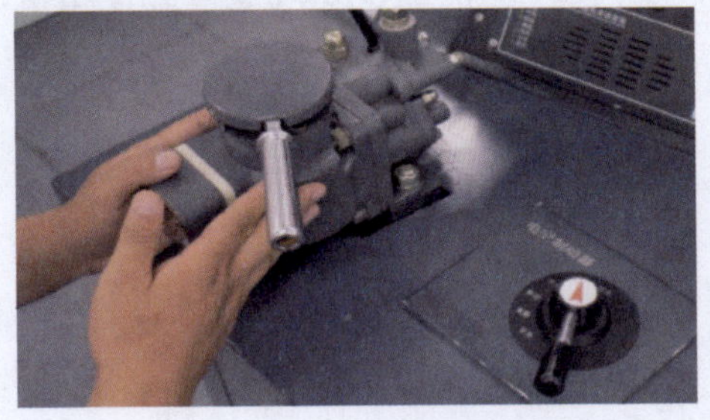

图 1-5　空气制动阀

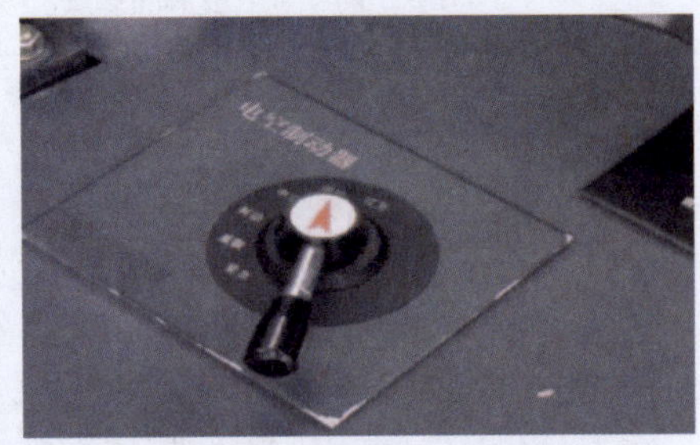

图 1-6　电空制动控制器

学习工作单

任务 1.2	SS_4 改型电力机车操纵台认知		
学习小组		姓名	
✧ 学习工作 1.2.1　SS_4 改型电力机车司机室的构成			
✧ 学习工作 1.2.2　SS_4 改型电力机车换向手柄和调速手柄			
✧ 学习工作 1.2.3　SS_4 改型电力机车辅助司机控制器			

（扫描二维码，学习更多内容）

任务 1.3　SS_4 改型电力机车驾驶之机车操作

SS_4 改型电力机车与 SS_1、SS_3 及小号 SS_4 型电力机车在操作上有较大差异，与内燃、蒸汽机车更是截然不同。为了便于 SS_4 改型电力机车乘务员及检修、技术、验收人员正确、规范地掌握该型机车的操纵技术，特编写该型机车的操作要点。

布置任务

- 了解 SS_4 改型电力机车蓄电池闸刀操作。
- 认识升受电弓操作。
- 认识合主断路器操作。

相关资料

1.3.1　闭合蓄电池闸刀

① 闭合蓄电池闸刀（如图 1-7 所示）前，应先断开电源钥匙开关 570QS，以免迂回电损坏电子插件。

图 1-7　蓄电池闸刀

② 闭合蓄电池闸刀时，如果发现控制电源电流表显示过高（正常情况下不超过 5 A），应立即拉下蓄电池闸刀，查明原因，排除故障后再闭合。

③ 退乘时，两节车的蓄电池闸刀 666QS、整流输出闸刀 667QS、蓄电池自动开关 601QA、电空制动自动开关 615QA 都应断开，以防亏电。

1.3.2　闭合电源钥匙开关

① 闭合电源钥匙开关 570QS（如图 1-8 所示）前，应确认车顶门及高压室门锁闭到位，主断路器在断开位，司机控制器在零位。

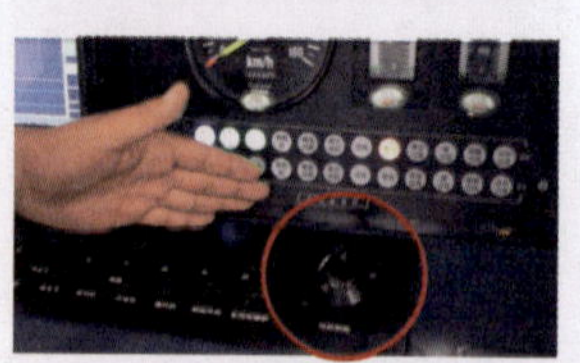
图 1-8　电源钥匙开关 570QS

② 闭合电源钥匙开关 570QS 后，零位灯亮。若不亮则应查明原因，排除故障。

1.3.3　升受电弓

① 升弓前，应确认风压为 500 kPa，主断路器在断开位。升、降弓时必须鸣笛呼唤，确认升、降弓到位。升受电弓如图 1-9 所示。

② 使用辅助压缩机升弓、合闸时，在总风压力达到 400 kPa 以上时，方可停止辅助压缩机打风，以防风压不足引起自动降弓，造成拉弧、烧网。

图 1-9　升受电弓

③ 发现升、降弓超过规定时间，以及发生冲网或砸车顶等异常现象，必须提票处理。

④ 正常运行中应使用后受电弓，其好处是：防止弓网粉末污染车顶；防止刮弓打坏车顶其他设备；遇临时降弓时，降弓时间充足，可减少刮弓的概率。

⑤ 段内走行，或进行调车作业时，应升双弓，以防过分段绝缘时失压，烧损辅助电机，但过分相绝缘时禁止升双弓。

⑥ 运行途中，若发现接触网故障，或遇降弓信号及信号标志时，应及时降弓。

1.3.4　合主断路器操作

① 合主断路器前，应确认全车的司机控制器在“0”位，零位灯亮。按扳钮（如图 1-10 所示）时间不少于 2 s。断、合闸间隔时间不少于 3 s。

图 1-10　合主断路器

② 合主断路器后，如果发现辅助电压表显示低于 301 V，应断电、降弓。断、合几次主断路器后，再升弓、合闸，防止因主断路器闭合不到位，烧损主触头，引起瓷瓶爆炸。

③ 合主断路器后，应注意听主变压器交流声是否正常，故障显示屏的显示有无异常。发现异常应立即断电、降弓，妥善处理。

1.3.5　起动劈相机操作

① 起动劈相机（如图 1-11 所示）。应在辅助电压稳定后进行。起动时应手按、耳听、眼看，即：一手按劈相机扳钮，一手扶“主断”扳钮；耳听起动声音是否正常；眼看辅助电压波动，应不超过 60 V，灯显示正常。发现异常，应立即断电。

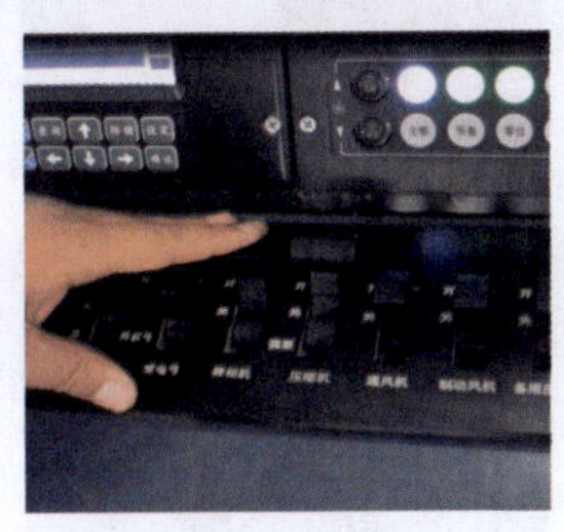
图 1-11　起动劈相机

② 断电后，立即关闭劈相机。此时，辅助电压表的电压应迅速降零。如果下降缓慢，很可能劈相机接触器故障，应检查。确认劈相机接触器无焊接故障后，方可重新合闸起动。

③ 零压保护装置故障切除后，应注意观察网压。发现失压，应及时断电。

④ 自起劈相机时，按合闸扳钮的时间适当延长，以免二次操作。

1.3.6　起动各辅机操作

① 辅助电机应逐个起动，不可一次按下两个及以上辅助电机扳钮。在辅助电机正常起动过程中，不得随意关闭。

② 起动辅助电机应手按、耳听、眼看，发现异常，立即断电。

③ 起动压缩机时（如图 1-12 所示），副司机应确认两节车压缩机油压表压力在 250 kPa 以上（螺杆式压缩机除外）。

④ 接新造车或修程车时，应注意观察各辅机转向是否正确。

⑤ 通风机未全部起动。不得按制动风机扳钮起动通风机，如图 1-13 所示。

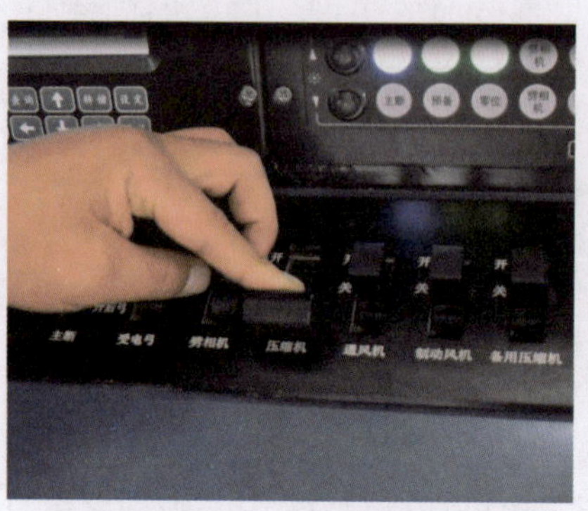

图 1-12　起动压缩机

图 1-13　起动通风机

1.3.7　换向手柄控制操作

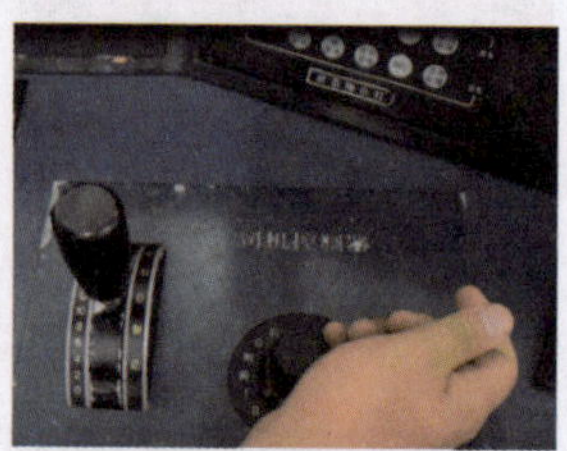
图 1-14　换向手柄

① 换向手柄（如图 1-14 所示）及两位置开关的位置，任何情况下都应与运行方向、工况一致。

② 进行方向转换时，必须停车进行。

③ 进行牵引、制动转换时，必须在确认调速手轮回零，牵引电流或制动电流、励磁电流降零后进行。

1.3.8　调速手柄操作

图 1-15　调速手柄

① 操作调速手柄（如图 1-15 所示），必须有防窜车意识。动车前，先给流；待电流稳定后，再缓解机车制动。若发现电流非正常上窜，应立即施行紧急制动并断电。

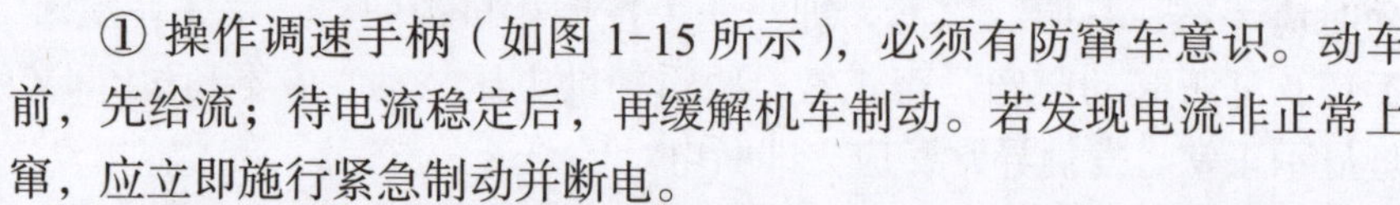

② 在进行电阻制动试验时，制动力须保持 100 kPa，以防加馈电流引起机车后溜。当 B 组试验风速继电器作用时，励磁电流不宜过大，200 A 左右即可。

③ 辅台操纵时应注意，因为调速区行程短、电流变化大，所以移动调速手柄要缓慢。调速手柄回零后，必须确认双槽口对正，“预备”“零位”灯亮。

学习工作单

任务 1.3	SS_4 改型电力机车驾驶之机车操作		
学习小组		姓名	

✧ 学习工作 1.3.1　SS_4 改型电力机车蓄电池闸刀操作
✧ 学习工作 1.3.2　升受电弓操作
✧ 学习工作 1.3.3　合主断路器操作

（扫描二维码，
学习更多内容）

任务 1.4　SS_4 改型电力机车驾驶之列车操纵

布置任务

- 了解 SS_4 改型电力机车机车起动说明。
- 熟知 SS_4 改型电力机车起车时的要求。
- 掌握 SS_4 改型电力机车的制动特性。

相关资料

SS_4 改型电力机车具有牵引力大、有可靠的加馈电阻制动、无级调速及恒流、限压、准恒速运行等特点。在牵引列车时，与其他机车的操纵有所不同，下面分别对各种坡道的起车及电阻制动等情况下的操纵要点做一简要叙述。

1.4.1　起动说明

在完成机车整备作业，确认各个设备都处于正常工作状态，监控装置参数正确，信号开放后，即可起动机车。在起动机车前，我们再强调几个注意事项：

① 单机调车作业时，在 1.5 级以下牵引可不开通风机行车。

② 在 1.5 级以上牵引时，牵引风机、变压器风机与油泵自行起动并自锁。

③ 调速手柄回零，风机不停，通风机按键扳至断开位。

1.4.2　起车时的要求

1. 通用要求

① 起车时：起车稳，加速快；充满风，再动车；伸开钩，再加速。

② 牵引货物列车时：起车时，应压缩车钩（保证足够的牵引力）及适量撒砂（保证黏着力）。压缩车钩的辆数一般不超过牵引车辆数的 2/3，要避免全辆压缩。起车过程中，要做到牵引电机电流幅值变化小，这样不仅出力均匀、起动平缓，而且因牵引力没有突变，不会造成空转。但是，也要根据实际情况进行适量的撒砂，防止发生空转。

③ 牵引旅客列车时：应特别强调起停平稳，充分利用低级位平

稳起动的特点，待列车起动后再慢慢提高牵引电机的电流，以增加牵引力；继续向前推调速手柄时，应以牵引电机的电流不发生波动为要求，保持电流稳定上升。

④ 根据不同的实际情况，起动机车时应将调速手柄打至不同级位，起动电流一般与级位成正比，例如级位为 2、4、6、7 级时，起动电流相应为 300 A、600 A、900 A、1 050 A。

⑤ 机车起动后，要随时注意机车仪表及指示灯的显示。

2. 不同线路的起车操纵

1）平道时

一般站场起动操作，调速手柄由 2—4—6 级徐徐起动列车。如图 1-16 所示。

起车前压好车钩，提柄给流，确认牵引电流达到要求后，方可缓解列车制动，待列车缓解后，调速手柄逐渐给至 3～4 级，全列车起动后再将调速手柄移至理想的位置。

图 1-16 平道起动操作

2）下坡道时

尽量避免在坡道停车。如果不得已必须停车时，尽可能使全列车大部分处于下坡道，如图 1-17 所示。

起动时，进级一定要缓慢，尽量借助下坡道的自然下滑力平稳起车，待全列车处于下坡道后再加速，防止断钩。

图 1-17 下坡道起动操作

3）上坡道时

如果全部列车大部分停在上坡道时，停车时就应为起车做好准备，增大机车减压量，使车钩适当压缩，为再次起车做好准备。

起车前打满风，起动时先缓解机车制动，然后将大闸推向过充位，在前部车辆已缓解、后部车辆正在缓解的过程中，迅速提手柄并适当撒砂，机车移动后，如果未发生空转和过载，继续将调速手柄上推，迅速增大牵引电机的电流，增加机车牵引力，使列车逐辆平稳起动，如图 1-18 所示。

图 1-18　上坡道起动操作

起动时，避免调速手柄提得过慢或者级位过低，因为级位过低的可能后果是只拉紧车钩而不能克服起动阻力，造成起动失败。但同时也要避免不顾一切盲目进级，造成空转、过载或者断钩事故。

如果起动不了，调速手柄在级位上停留时间不应超过 10 s，应迅速回零，保持列车制动。绝对禁止在列车不动甚至后溜的情况下，强迫进级，逆电操作（伤害电机）。

4）坡停重载起动操作

列车制动—机车缓解—调速手柄徐徐推进至 6 级，同时缓解列车，列车徐徐起动或稍动后又停，调速手柄追加至 7—8—9—10 级，列车徐徐再起动。若第一次起动失败，则重复上述过程直至起动成功，起动成功后，当列车加速至约 50 km/h 时，调速手柄退至适当级位。

5）鱼背型线路

尽量避免列车停在此线路。如果不得已必须停车时，尽可能使大部分车辆处于下坡道，起车时，进级要缓慢。

1.4.3　电空位操作注意事项

① 连挂车辆后，大闸须减压后放中立位，先开放机车塞门，再徐徐开放列车车辆塞门，以防引起紧急制动，造成风源浪费。

② 初充风、再充风时，大闸可放过充位，加快充风速度。

③ 大闸减压时，须待列车管充满风再进行，以免引起非常制动。

④ 发现列车管压力急剧下降时，应将大闸放中立位，调速手柄回零位，机车保持制动，停车进行处理。

⑤ 无论何种原因引起紧急制动，大闸手柄均应置制动位，待列车停稳后，必须再将大闸手柄置重联位并停留 15 s 以上，待紧急放风阀排风口关闭后方可回运转位（或过充位）缓解充风。

⑥ 因为 466QS、465QS 置于切除位后，若使用动力制动后再实施空气制动，则制动缸压力不能自动解除，所以要求机车乘务员使用动力制动后，在实施空气制动前应单独缓解机车制动缸压力，再实施空气制动。

⑦ 如果非操纵节机车电空转换扳键在空气位或制动机无电源时，应将非操纵节机车中继阀座下方的中继阀制动管塞门（115 号）关闭。

必要时，我们要将电空位转到空气位（如图 1-19 所示）实现机车的特性，转换方法是：

① 将操纵节空气制动阀手柄移至缓解位。

② 将操纵节空气制动阀上的电空转换扳钮置空气位。

③ 调整 53 号调压阀压力至列车管定压。

④ 将操纵节空气制动柜 153 号转换阀由电空位扳动至空气位。

图 1-19　电空位转到空气位

1.4.4　换端操作注意事项

① 必须停车后进行转换。

② 转换后若 153 号转换阀发生泄漏，排风不止，应关闭 157 号塞门。

③ 换端时，须关闭故障节中继阀的 115 号塞门。

④ 列车管不充风时，断开电空制动自动开关 615QA。

1.4.5　空气位操作注意事项

① 进行电空制动，若因电空位故障改用空气位操作后，必须进行制动机试验，确认制动缓解作用良好。

② 使用空气位操纵仅能维持运行到前方站，应停车后请求救援（万吨列车可维持至

前方万吨越行站停车）。

③ 操纵小闸可实现全列车的制动与缓解。运转位与中立位作用相同，皆为保压位。需要缓解机车制动时，应下压空气制动阀手柄。

④ 进行电空制动，若因电空位故障改用空气位操作后，空气制动阀无紧急制动功能，需要紧急制动时，可按下紧急制动按钮 594SB 或迅速打开手动放风阀 121 号塞门，并将空气制动阀手柄移至制动位。

⑤ 空气位操纵时，制动管若发生泄漏会得到补风，制动时要密切注意速度变化，及时追加、减压，以免车辆自然缓解影响列车运行安全。

⑥ 尽可能使用电阻制动，少使用空气制动。

⑦ 空气位操作是一种补救措施，操纵时须格外谨慎。尤其是空气位无小闸单缓作用，既要保持机车制动，平稳操纵，又要防止机车抱闸时间过长，造成动轮迟缓。

1.4.6 机车常用制动操作方法

施行常用制动时，应考虑列车速度、线路坡度、牵引辆数和吨数、车辆种类及闸瓦压力等条件，使列车均匀减速，防止列车冲动。进入停车线停车时，提前确认 LKJ 显示距离与地面信号位置是否一致，准确掌握制动时机、制动距离和减压量，应做到一次停妥。牵引列车时，不应使用单阀制动停车，并遵守以下规定：

① 初次减压量不得少于 50 kPa。长大下坡道应适当增加初次减压量，具体减压量由铁路局集团公司制定。

② 追加减压一般不应超过两次；一次追加减压量不得超过初次减压量。

③ 累计减压量不应超过最大有效减压量。

④ 单阀缓解量，每次不得超过 30 kPa（CCB Ⅱ、法维莱型制动机除外）。

⑤ 减压时，自阀排风未止，不应追加减压、停车或缓解列车制动。

⑥ 货物列车运行中，自阀减压排风未止，不得缓解机车制动。

⑦ 在制动保压后，禁止将自阀手柄由中立位推向缓解位、运转位、保持位后，又移回中立位。

⑧ 货物列车速度在 15 km/h 以下时，不应缓解列车制动。长大下坡道区段因受制动周期等因素限制，最低缓解速度不应低于 10 km/h。重载货物列车速度在 30 km/h 以下时，不应缓解列车制动。

⑨ 少量减压停车后，应追加减压至 100 kPa 及以上。

⑩ 站停超过 20 min 时，开车前应进行列车制动机简略试验。

1.4.7 加馈电阻制动运行操作

① 人工起动制动风机（牵引风机、变压器风机及油泵可在主手轮 1.5 级以上自行起动）。

② 一般运行速度操作—准恒速运行，与牵引工况相似，“准恒速”意义，一是某级位上的速度差约 10～13 km/h，二是制动电流变化范围较大，低速电流限制为 50 A，高速电流限制为 771 A。级位数乘以 10 约等于该级位的最高速限。如第 6 级时，低速限为

50 km/h，高速限为 63 km/h；又如第 10 级时，低速限为 90 km/h，高速限为 100 km/h。

③ 列车运行中需要调速时，必须使用电阻制动，初次给流时不超过 150 A，稍做停留（5 s），再逐步给流。解除电阻制动时，必须逐级回流，电流回到 150 A 时，稍做停留（1～2 s）再回零。电阻制动转牵引时，间隔 10 s 以上再给流，防止列车冲动。

④ 长大下坡道运行，应以电阻制动为主，停车时必须使用空气制动。

⑤ 牵引重载列车在长大下坡道上运行，当电制动不足时，以加馈电阻制动为主，须补以列车空气制动，或使用人工减压制动或缓解。

学习工作单

任务 1.4	SS_4 改型电力机车驾驶之列车操纵		
学习小组		姓名	
✧ 学习工作 1.4.1　SS_4 改型电力机车起动说明			
✧ 学习工作 1.4.2　SS_4 改型电力机车起车时的要求			
✧ 学习工作 1.4.3　SS_4 改型电力机车的制动特性			

（扫描二维码，
学习更多内容）

任务 1.5 SS_4 改型电力机车应急故障处理

布置任务

- 掌握 SS_4 改型电力机车蓄电池回路故障处理办法。
- 掌握 SS_4 改型电力机车受电弓升不起的处理办法。
- 掌握 SS_4 改型电力机车主断合不住的处理办法。

相关资料

1.5.1 蓄电池回路故障

1. 无输出电压或接地

① 确认电源柜“蓄电池”自动开关闭合（第二排第一个），如图 1-20 所示。

图 1-20 电源柜各开关

② 断开电源柜“蓄电池”闸刀（左上）及“负载”闸刀（右上），“重联”闸刀置重联位（右下），如图 1-21 所示。

③ 确认电源柜“重联”自动开关闭合（第二排第五个），如图 1-20 所示。

2. 电源屏不充电

① 确认电源柜“交流电源”自动开关闭合（第二排最后一个），如图 1-20 所示。

② 转换电源柜“110 V 电源”A、B 组开关，如图 1-22 所示。

③ 电源柜重联闸刀置重联位，确认“重联”自动开关闭合，如图 1-21 所示。

3. 控制电压过高或不稳

① 转换电源柜“110 V 电源”A、B 组开关，如图 1-22 所示。

② 断开“蓄电池”闸刀（左上）及“负载”闸刀（右上），“重联”闸刀置重联位（右下），如图 1-21 所示。“重联”自动开关闭合，如图 1-20 所示。

▶注意：因车型不同，有的机车“重联”闸刀重联位应向下拉。

图 1-21　三个闸刀的位置

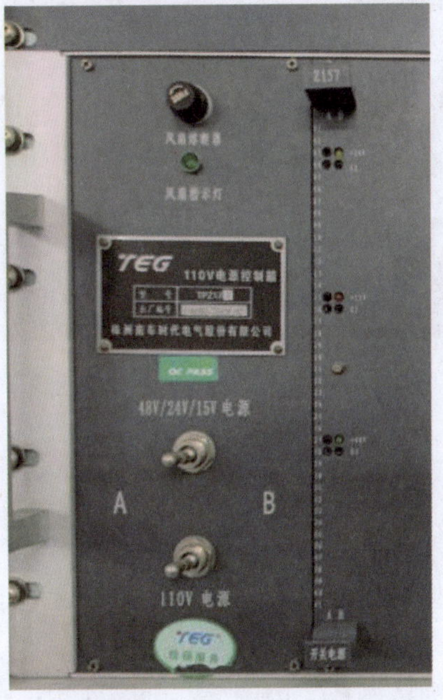

图 1-22　电源柜“110 V 电源”A、B 组开关

1.5.2　受电弓升不起

① 升另一台受电弓。

② 关好两节车各室门，检查 4 个走廊门联锁是否露在外面，如图 1-23 所示。

③ 确认控制风路风压达 500 kPa（查看制动柜控制风缸风表红表针），如图 1-24 所示。确认制动柜 140 塞门（如图 1-25 所示）开放。

④ 检查两节车制动柜门联锁电空阀（287YV），如图 1-26 所示。不吸合时人为将其固定在吸合位（在制动柜左侧）。

图 1-23 走廊门联锁

图 1-24 制动柜上部的控制风缸风表

图 1-25 制动柜 140 塞门

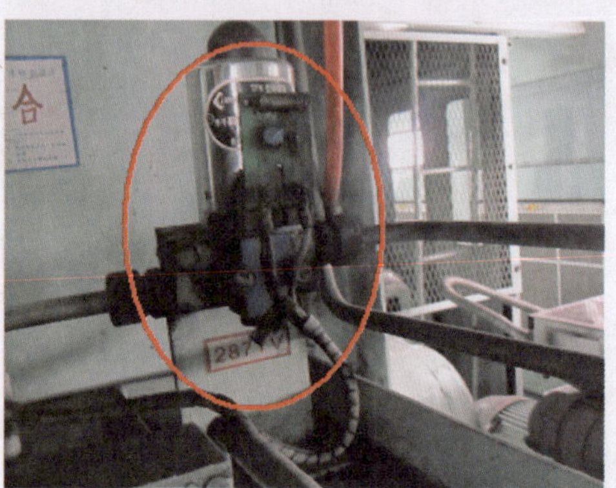

图 1-26 制动柜门联锁电空阀（287YV）

1.5.3 主断路器合不上

1. 自动过分相后主断路器合不上

① 如果自动过分相后主断路器合不上，则手动闭合主断路器扳键开关，按手动过分相办法操作，如图 1-27 所示。

② 确认调速手柄回零，零位灯亮，确认网压、风压、蓄电池电压正常，劈相机扳钮在断开位。

图 1-27 劈相机扳键及手动过分相扳键

2. 主断路器无显示跳闸，一合就跳

① 转换 LCU1、LCU2 的 A、B 组，如图 1-28 所示。

图 1-28　LCU 转换扳钮

▶ 注意：转换过程中，在中间“0”位停顿几秒；转换完成后，整车 A、B 组最好保持一致。

② 转换电子柜 A、B 组，如图 1-29 所示。

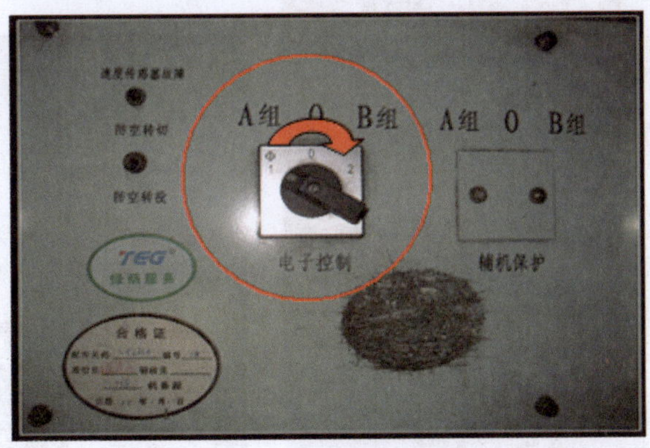

图 1-29　电子柜转换扳钮

③ 分别将“零压保护故障”“辅助电路接地”开关置故障位，如图 1-30 所示。确认主接地故障闸刀 95QS（副司机侧 1 号高压柜侧）、96QS（司机侧 2 号高压柜右侧）置向下故障位，如图 1-31 所示。

图 1-30 “零压保护故障”和“辅助电路接地故障”隔离开关

图 1-31 高压柜主接地故障闸刀 95QS

1.5.4 劈相机不起动

1. 劈相机灯不亮

① 确认电源柜“辅机控制”自动开关 605QA 闭合，如图 1-32 所示。

② 转换操纵节劈相机自起开关 591QS 至另一位置，如图 1-33 所示。

图 1-32 “辅机控制”自动开关

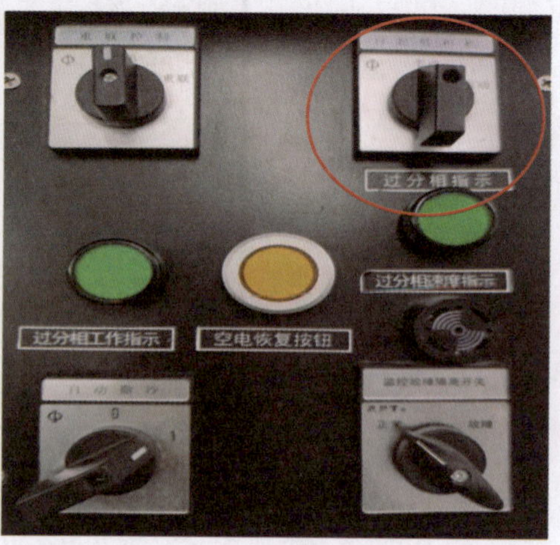

图 1-33 劈相机自起开关 591QS

③ 转换 LCU1、LCU2 的 A、B 组，如图 1-28 所示。

2. 劈相机灯不灭

① 转换 LCU1、LCU2 的 A、B 组，如图 1-28 所示。

② 如果劈相机电磁噪声大，在起动劈相机 3 s 后，人为捅 1 号低压柜 283AK 手动按钮，如图 1-34 所示。

③ 如果劈相机无声音，检查劈相机三相开关 215QA（2 号低压柜第一个，如图 1-35 所示），故障恢复后重新起动。

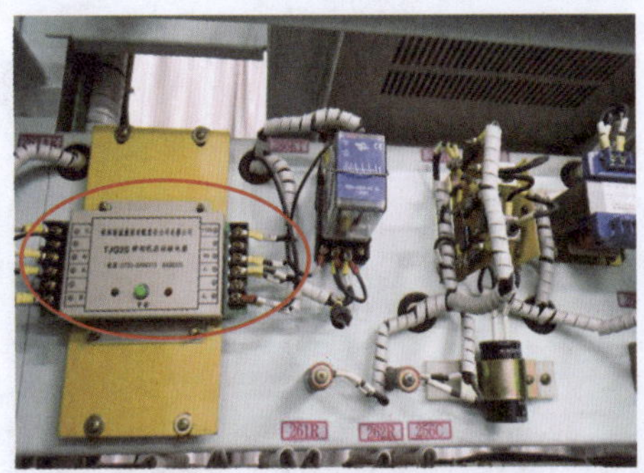

图 1-34 低压柜 283AK 手动按钮

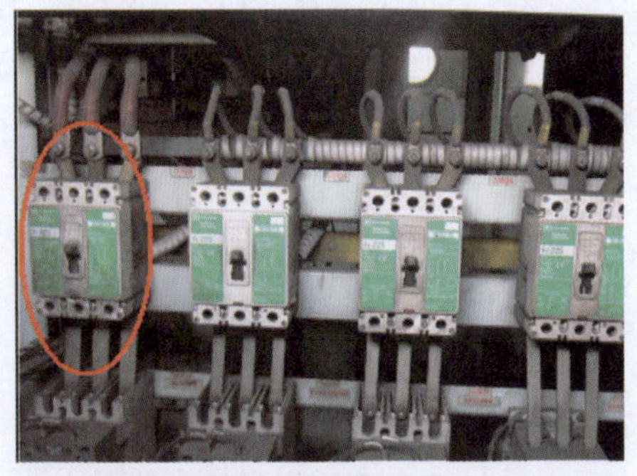

图 1-35 劈相机三相开关 215QA

1.5.5 牵引通风机 1 代替劈相机

① 将“劈相机故障”隔离开关置右侧 1 FD 位，如图 1-36 所示。

▶注意：严禁放置在中间试验位。

② 启动电阻转换闸刀 296QS（2 号低压柜左下方）置向下电容位，用牵引通风机 1 代替劈相机，如图 1-37 所示。

▶注意：只有当网压高于 23 kV 时，才可用牵引通风机 1 代替劈相机。代替后仍用劈相机扳钮控制，劈相机灯常亮为正常，辅助回路灯亮后灭为正常。

图 1-36 “劈相机故障”隔离开关

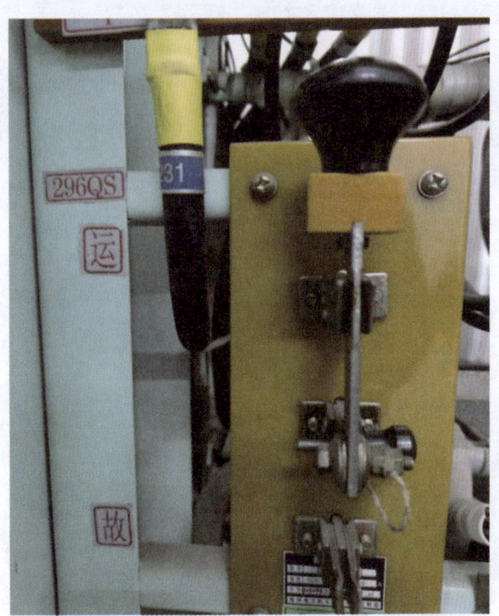

图 1-37 启动电阻转换闸刀 296QS

1.5.6 压缩机系统故障

1. 压缩机不起动

①使用“强泵”扳钮启动（扳键箱）。

② 检查并确认压缩机电机三相开关 217QA（2 号低压柜第二个）闭合，如图 1-38 所示。

③转换故障节 LCU1、LCU2 的 A、B 组。

④ 切除故障压缩机，将“压缩机故障”开关 579QS（2 号低压柜）置“故”位，以单台压缩机维持运行，如图 1-39 所示。

图 1-38 压缩机电机三相开关 217QA

图 1-39 “压缩机故障”开关 579QS

2. 压缩机打不起风

① 如果干燥器漏风，可开旁通塞门 110（在干燥器正前方），关 G1 塞门（在滤清筒下部）和 T1、T2 塞门（在干燥塔 1、干燥塔 2 的下部），如图 1-40、图 1-41 所示。

图 1-40 干燥器正前方旁通塞门 110

图 1-41 G1 塞门与 T1、T2 塞门

② 可抽出螺杆压缩机空气滤清器（如图 1-42 所示）滤芯，或用木棒轻敲进气阀。

图 1-42 压缩机空气滤清器

3. 压缩机打风后排风不止

① 如果干燥器排气阀、排污阀排风不止，可打开旁通塞门 110（在干燥器正前方），关闭 G1 塞门（在滤清筒下部）及 T1、T2 塞门（在干燥塔 1、干燥塔 2 的下部）维持运行。

② 如果发现管路接头螺母漏泄，紧固漏泄处所。

1.5.7 辅助回路灯亮，预备灯不灭

1. 牵引工况下

① 确认牵引风机是否起动。

② 如果牵引风机已起动，则切除对应的牵引风机、牵引风速故障开关，如图 1-43 所示。

③ 如果牵引风机未起动，则检查并确认对应的牵引风机三相开关 219QA、220QA 是否在闭合位，如图 1-44、图 1-45 所示。

图 1-43 牵引风速、牵引风机故障开关

图 1-44 低压柜牵引风机 1 三相开关 219QA

④ 转换 LCU1、LUC2 的 A、B 组。

⑤ 将相应牵引风机故障开关置“故障”位，如图 1-43 所示。

⑥ 电阻制动时，断电、降弓，将相应牵引电机闸刀置“故障”位，如图 1-46 所示。

▶ 注意：切除牵引风机后，调速手柄必须回到零位，确认零位灯亮后再给流。

图 1-45 低压柜牵引风机 2 三相开关 220QA

图 1-46 牵引电机闸刀

2. 电阻制动工况下

① 确认制动风机是否起动。

② 如果制动风机已起动，则切除对应制动风速隔离开关，如图 1-43 所示。若遇停车，则下车检查机车下部制动风机的风网上是否有异物堵塞风道，如图 1-47 所示。

③ 如果制动风机未起动，则检查确认对应的制动风机三相开关是否处于闭合位，如图 1-48 所示。

图 1-47 机车下部制动风机风网

图 1-48 制动风机 1 三相开关、制动风机 2 三相开关

④ 转换 LCU1、LCU2 的 A、B 组。

⑤ 将相应“制动风机故障”开关置“故障”位，如图 1-49 所示。

图 1-49　制动风机故障开关

1.5.8　辅助回路灯亮，预备灯灭，变压器油泵或风机不起动

① 检查并确认变压器风机三相开关 227QA 或油泵三相开关 228QA 处于闭合位，如图 1-50、图 1-51 所示。

② 转换 LCU1、LCU2 的 A、B 组。

③ 若是油泵故障，将“潜油泵故障”开关置“故”位，如图 1-52 所示。

④ 若是变压器风机故障，将主变风机节能装置（2 号低压柜右上部，如图 1-53 所示）电源开关关闭。如果仍不能起动，将“变压器风机故障”开关置“故障”位。

⑤ 当变压器油温（变压器油温表位于副司机侧变压器室下部，如图 1-54 所示）接近 75 ℃时，到站停车降温。

图 1-50　1 号低压柜变压器风机三相开关 227QA

图 1-51　2 号低压柜油泵三相开关 228QA

图 1-52 “潜油泵故障”开关

图 1-53 主变风机节能装置

图 1-54 变压器油温表

1.5.9 牵引无流

① 将换向手柄置“前”或“后”位，若预备灯不灭，则按预备灯不灭处理。

② 调速手柄离“0”位后，若零位灯不灭，则转换 LCU1、LCU2 的 A、B 组。

③ 确认控制电压在 77～130 V 范围内，断合电源柜“电子控制”自动开关。

④ 转换电子柜 A、B 组。

⑤ 转换 LCU1、LCU2 的 A、B 组。

⑥ 确认非操纵节电源钥匙开关处于断开位。

⑦ 切除故障节维持运行。

1.5.10 “原边过流”灯亮，跳主断

① 转换电子柜 A、B 组。

② 转换 LCU1、LCU2 的 A、B 组。

③ 调速手柄离“0”位或电压上升至 500 V 左右，“原边过流”灯亮，则拔整流柜 75 号或 76 号（分别在 1、2 号整流柜上部）插头，如图 1-55 所示。

④ 合闸就跳，“原边过流”灯亮，确认无异状，但重合闸还跳，则切除一节车，禁止重复合闸，防止故障扩大。

⑤“原边过流”灯亮，“牵引电机”灯亮，将相应电机闸刀置中间位，如图 1-56 所示。

⑥ 切故障节机车维持运行。

图 1-55 1 号整流柜 75 号、76 号插头

图 1-56 相应电机闸刀置中间位（1）

1.5.11 “主接地”灯亮，跳主断

① 若重新合闸后主断路器还跳，则拉主接地故障闸刀 95QS 或 96QS，如图 1-57 所示。

② 若电阻制动接地，则不用电阻制动。

③ 降弓，逐台闭合牵引电机闸刀，找出接地电机，将相应电机闸刀置中间位，如图 1-58 所示。

④ 切除故障节维持运行。

图 1-57 主接地故障闸刀 95QS/96QS

图 1-58 相应电机闸刀置中间位（2）

1.5.12 副台“辅接地”，主台“辅助回路”灯亮

① 切断热饭电炉、窗加热、各取暖装置及空调的电源。

② 如果重新闭合后还跳闸，则将“辅助电路接地”开关 237QS 置“故障”位，如图 1-59 所示。

图 1-59 1 号低压柜“辅助电路接地”开关

1.5.13 牵引电机灯亮，主断跳

① 转换电子柜 A、B 组。

② 转换 LCU1、LCU2 的 A、B 组。

③ 拔掉高压柜左侧面 45 号或 46 号插头，切除相应的牵引电机闸刀，如图 1-60 所示。

④ 切故障节维持运行，高压柜内相应电机闸刀置中间位，如图 1-61 所示。

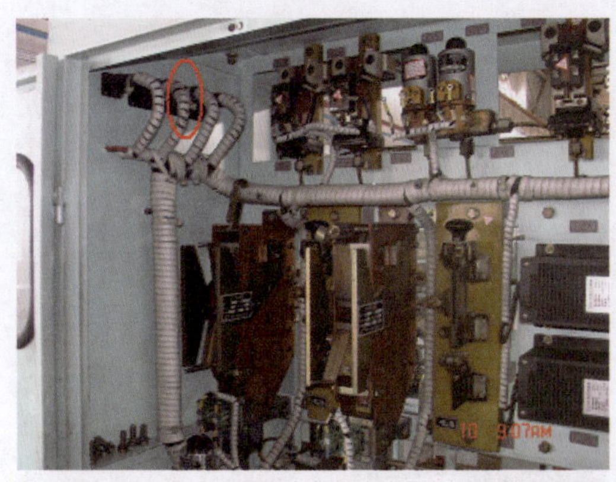

图 1-60 高压柜左上部 45 号 /46 号插头内部

图 1-61 相应电机闸刀置中间位

1.5.14 空转灯亮、自动撒砂及减载

① 电流较大，黏着不良，快退手柄，人工补砂。

② 转换电子柜 A、B 组。

③ 若空转保护误动作，则将电子柜左上部空转保护钮子开关（如图 1-62 所示）置“防空转切”位，防止空转擦伤踏面。

1.5.15 窜车

① 转换电子柜 A、B 组。

② 转换 LCU1、LCU2 的 A、B 组。

③ 若无效则甩单节。

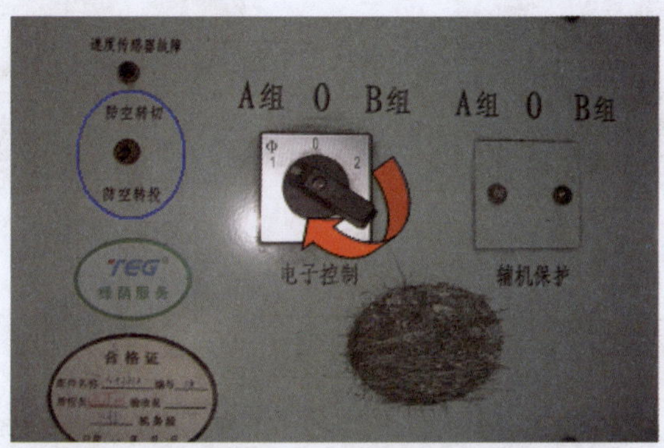

图 1-62 空转保护钮子开关

1.5.16 切故障节办法

① 整台机车低压柜各故障开关全部置正常位，司机室劈相机自起开关 591QS 置手动位，如图 1-63 所示。

② 将故障节 2 号低压柜“主断隔离（切单节）”开关 586QS”置故障位，如图 1-64 所示。

③ 将故障节电源柜“重联”闸刀 668QS 置重联位，如图 1-65 所示。同时检查电源柜“重联”开关 617QA，应闭合到位，如图 1-66 所示。

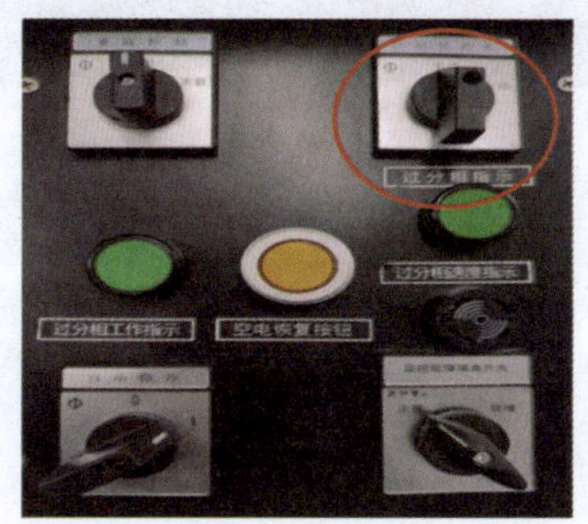

图 1-63 劈相机自起开关 591QS

图 1-64 “主断隔离（切单节）”开关 586QS

图 1-65 电源柜“重联”闸刀 668QS

图 1-66 电源柜“重联”开关 617QA

1.5.17 手动过分相操作方法

1. 主控机车

① 在分相区前，闭合手动过分相开关（扳钮箱最右边钮），LCDM 显示屏信息提示“过分相操作激活，从控保持级位控制”。

② 人为操作完成退流、关辅机、断主断、关劈相机等过程。

③ 过分相后，闭合主断，完成辅机起动，并将机车设置到适当的级位。

④ 断开手动过分相开关。

▶ 注意：

① 在降低机车级位并断开主断前，司机必须闭合手动过分相开关，否则会导致从控跟随主控动作。

② 在断开手动过分相开关前，司机必须闭合主断并将机车设置到适当的级位，否则会导致从控跟随主控动作。

2. 从控机车

① 在分相区前，闭合手动过分相开关。LOCOTROL 系统自动完成退流、断辅机、断主断、断劈相机等过程。

② 过分相后，断开手动过分相开关。LOCOTROL 系统自动完成合主断、启动辅机、恢复牵引电制级位等过程。

1.5.18 CCB Ⅱ型制动机有、无动力回送设置

图 1-67 "蓄电池"闸刀

制动机无动力回送设置步骤如下：

① 断开两节机车蓄电池电源闸刀，如图 1-67 所示。

② 两节车牵引电机闸刀置中间位，如图 1-68 所示。

③ 两节车大、小闸均置运转位。

④ 将总风缸风压排至 150 ～ 200 kPa（通过司机室总风缸压力表确认），关闭机车的总风缸 112 塞门（其上部为 50 止阀），如图 1-69 所示。

图 1-68 牵引电机闸刀置中间位

图 1-69 总风缸 112 塞门

⑤ 将两节车制动柜 EPCU 上的无火装置（旋塞）置"无火"位，如图 1-70 所示。

⑥ 开放机车两端的平均管塞门，如图 1-71 所示。

⑦ 挂车后试验，确认无火机车制动缸压力制动缓解正常。

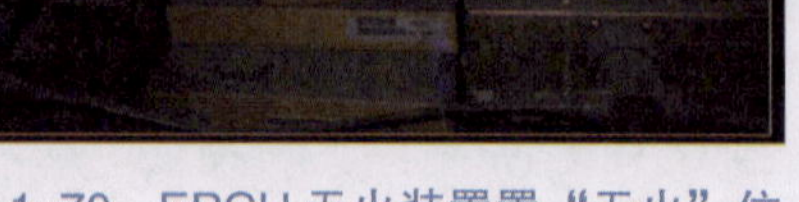

图 1-70　EPCU 无火装置置“无火”位

图 1-71　开放平均管塞门

学习工作单

任务 1.5	SS$_4$ 改型电力机车应急故障处理		
学习小组		姓名	
✧ 学习工作 1.5.1　SS$_4$ 改型机车蓄电池回路故障的处理办法			
✧ 学习工作 1.5.2　SS$_4$ 改型电力机车受电弓升不起的处理办法			
✧ 学习工作 1.5.3　SS$_4$ 改型电力机车主断合不住的处理办法			

模块 2

HX_D3 型电力机车

随着中国经济持续增长，铁路货运需求也随之增加，在 20 世纪末 21 世纪初，急需能单机牵引 5 000 t 货物的大功率机车，以应对货运需求。

中车大连机车车辆有限公司于 2001 年起就开始研发大功率交流传动货运电力机车，由于当时中国缺乏制造 IGBT VVVF 牵引逆变器等技术，于是选择与日本东芝合作研制新型机车，并于 2002 年 9 月成立合资公司。

这款机车使用了 C_0—C_0 六轴，即前后各一个三轴转向架，每轴装有一台 1 200 kW 交流牵引电机，整车输出功率为 7 200 kW。首台原型车编号 SSJ3-0001，于 2003 年年底完成，2004 年 4 月 26 日由大连的厂房驶出，前往北京铁道科学研究院环形线进行试验。

2004 年 10 月 27 日，铁道部与中车大连机车车辆有限公司签订合同，订购 60 辆该型机车，新车以试验车 SSJ3-0001 及日本铁路货物使用的 EH500 型机车作为技术平台，国产车编号由 30017 开始，使用永济 YJ85A 型牵引电机，首辆机车出厂曾被改称为“神龙 $_1$”型（SL_1），不久改称为“和谐”型，编号改为 HX_D30xxx。首辆国产化机车于 2006 年 12 月 8 日出厂交付使用。

任务 2.1　HX_D3 型电力机车特性及主要设备布置

HX_D3 型交流大功率电力机车以在中国境内的主干线上进行大型货运为目的，它不仅采用 PWM 矢量控制技术等最新技术，而且尽量考虑环境保护，减少维修工作量。另外，由于需要在中国全境范围内运行，所以在满足环境温度 -40～+40 ℃、海拔高度在 2 500 m 以下的条件的同时，最大考虑到 4 组机车重联控制运行。

布置任务

- 了解 HX_D3 型电力机车的主要技术特点。
- 认识 HX_D3 型电力机车的设备布置特点。

相关资料

2.1.1　HX_D3 型电力机车的主要技术特点

① 轴式为 C_0—C_0，传动系统为交—直—交电传动，采用 IGBT 水冷变流机组，1 200 kW 大转矩异步牵引电机，具有起动（持续）牵引力大、恒功率速度范围宽、黏着性能好、功率因数高等特点。

② 辅助电气系统采用 2 组辅助变流器，能分别提供 VVVF 和 CVCF 三相辅助电源，对辅助机组进行分类供电。该系统冗余性强，一组辅助变流器故障后可以由另一组辅助变流器对全部辅助机组供电。

③ 采用微机网络控制系统，不仅实现了逻辑控制、自诊断功能，而且实现了机车的网络重联功能。

④ 总体设计采用高度集成化、模块化的设计思路，电气屏柜和各种辅助机组分功能斜对称布置在中间走廊的两侧；采用了规范化司机室，有利于机车的安全运行。

⑤ 采用带有中梁的整体承载的框架式车体结构，有利于提高车体的强度和刚度。

⑥ 转向架采用滚动抱轴承半悬挂结构，二系采用高圆螺旋弹簧；采用整体轴箱、推挽式低位牵引杆等技术。

⑦ 采用下悬式安装方式的一体化多绕组（全去耦）变压器，具有高阻抗、重量轻等特点，并采用强迫导向油循环风冷技术。

⑧ 采用独立通风冷却技术，牵引电机采用由顶盖百叶窗进风的独立通风冷却方式，主变流器水冷和主变压器油冷采用水、油复合式铝板冷却器，由车顶直接进风冷却，辅助变流器也采用车外进风冷却方式。另外，还考虑了司机室的换气和机械间的微正压问题。

⑨ 采用了集成化气路的空气制动系统，具有空电制动功能。机械制动采用轮盘

制动。

⑩ 采用了新型的模式空气干燥器，有利于压缩空气的干燥，降低了制动系统阀件的故障率。

2.1.2 HX_D3 型电力机车的主要设备

1. 受电弓

受电弓（如图 2-1 所示）是电力机车上一个重要的电气部件，通过它直接与接触网接触，将电流从接触网引入机车，供车内的电气设备使用。受电弓安装在车顶上，不用时处于折叠状态，运用时升起，与接触网接触。

图 2-1 受电弓

2. 真空主断路器

HX_D3 型电力机车采用型号为 BVACN99.21500 的真空主断路器，如图 2-2 所示。该电气设备是单断点交流断路器，采用真空管及电空控制，具有以下特点：

① 绝缘性高。

② 采用真空灭弧，环境稳定性好。

③ 结构简单。

④ 开断容量大。

⑤ 机械寿命长。

图 2-2 BVACN99.21500 型真空主断路器

3. 避雷器

HX_D3 型电力机车采用型号为 RVLQB-38.5LY 的无间隙氧化锌避雷器，额定电压为 38.5 kV，标称放电电流下残余电压在 10 kA 时为 110 kV，放电电流为 10 kA，外套采用陶瓷材料。RVLQB-38.5LY 型避雷器如图 2-3 所示。

4. 主变压器

HX_D3 型电力机车采用型号为 FPWR1 的主变压器。主变压器的作用是将 25 kV 的接触网电压转换为电力机车所需的各种低电压，以满足电力机车各种电机电器工作的需要。FPWR1 型主变压器如图 2-4 所示。

2.1.3 HX_D3 型电力机车的设备布置特点

① 机车两端设有司机室，机械间采用中央走廊，设备布置在通道两侧，设备屏柜化、成套化，便于设备的安装和维护、检修。

② 在机械间内，辅助设备按功能在两端分布布置；Ⅰ端主要布置电气设备，Ⅱ端主要布置空气管路设备，有利于缩短机车电气线路和空气管路，减少系统故障率，提高了系统的可靠性。

③ 机车电气传动的主要部件是 1 台主变压器和 2 台牵引变流装置，安装在机车的中心部位。质量较大的主变压器用下悬式安装在车体下中心部位，牵引变流装置安装在机械室中央走廊的两侧。

④ 机车设置有同时对主变压器和牵引变流装置进行冷却的复合冷却器，冷却器上部设置轴流式通风机进行独立通风冷却，2 台复合冷却器靠近牵引变流器和主变压器安装，尽量缩短连接配管。

⑤ 机车以牵引变流装置和复合冷却器为整体单元布置在机车中心部位，有利于机车的重量分配。

图 2-3 RVLQB-38.5LY 型避雷器

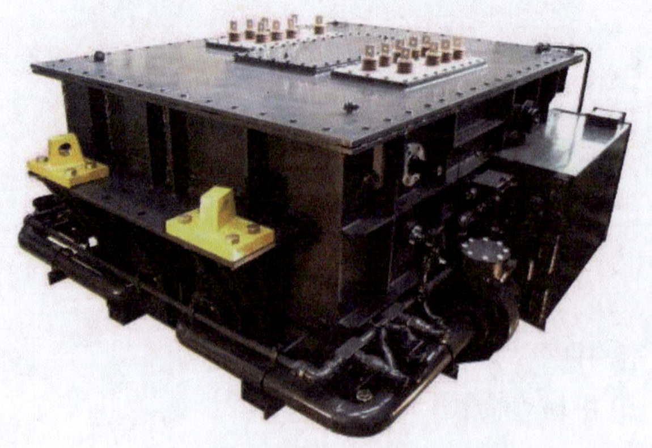

图 2-4 FPWR1 型主变压器

⑥ 机车设置单独的轴流式通风机对牵引电机进行冷却，冷却风道进风口设置在顶盖上，通风机安装在机车机械室地板支架上。

⑦ 牵引通风道内设有惯性滤尘器进行二次除尘，保证了电机冷却空气的清洁度。

⑧ 机车顶盖设有换气口，有利于机车夏季的换气和冬季的保温。

学习工作单

任务 2.1	HX_D3 型电力机车的特性及主要设备布置		
学习小组		姓名	
✧ 学习工作 2.1.1　HX_D3 型电力机车的主要技术特点			
✧ 学习工作 2.1.2　HX_D3 型电力机车的主要设备配置			
✧ 学习工作 2.1.3　HX_D3 型电力机车的设备布置特点			

任务 2.2 HX_D3 型电力机车操纵台认知

布置任务

- 了解 HX_D3 型电力机车的司机室整体布置。
- 认识 HX_D3 型电力机车的司机控制器。
- 认识 HX_D3 型电力机车的制动控制器。

相关资料

2.2.1 司机室设备布置

在司机室内设有操纵台、八灯显示器、司机座椅 、端子柜、热水器、紧急放风阀、灭火器等设备。司机室顶部设有空调装置（冷热）、风扇、头灯、司机室照明设备等。司机室前窗采用电加热玻璃，窗外设有电动刮雨器，窗内设有电动遮阳帘；侧窗外设有机车后视镜。在操纵台上设有微机显示屏、ATP 显示屏、压力组合模块、司机控制器、制动控制器、扳键开关组、制动装置显示器、冰箱、暖风机、脚炉和膝炉。司机室整体布置如图 2-5 所示。

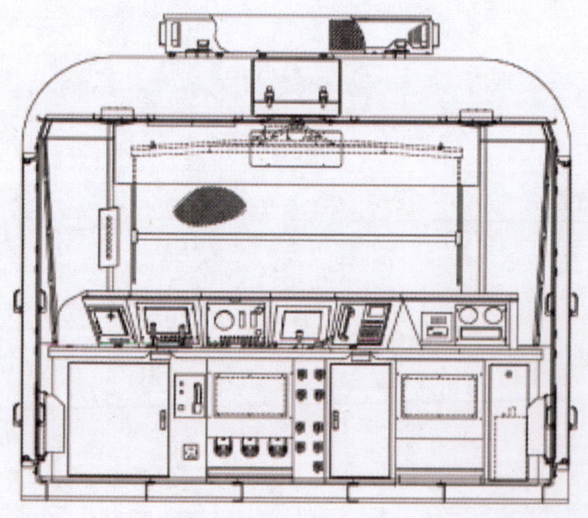

图 2-5　司机室整体布置

在司机室后墙上设置的是司机生活必要设备，这些设备在机车运行中一般不参与机车控制，只是更好地为司机提供服务。在司机室后墙上设置有饮水机、暖风机、空调控制箱、灭火器等。此外，司机室后墙上设置有一个紧急制动阀。

2.2.2 HX_D3 型电力机车操纵台主要设备

操纵台是机车的人机交互设备，司机通过操纵台上各装置发出控制机车的指令，完成机车牵引、制动等各项工作，通过操纵台上各个仪表、显示器等监控机车运用状态。在操纵台上设有微机显示屏、ATP 显示屏、压力仪表与语音箱组合模块（如图 2-6 所示）、复位按钮（如图 2-7 所示）、司机控制器、制动控制器等主要设备。

图 2-6　压力仪表与语音箱组合模块

图 2-7　复位按钮

1. 司机控制器

司机控制器包括调速手柄和换向手柄，如图 2-8 所示。调速手柄也叫主手柄，其牵引区有 13 级，制动区有 12 级，级间均可进行平滑调节。换向手柄有三个工作位置——“前”“0”“后”位。

图 2-8　司机控制器

2. 制动控制器

HX_D3 型电力机车制动控制器主要包括自动制动阀（简称自阀）和单独制动阀（简称单阀），如图 2-9 所示。自阀手柄可实现机车和列车的同时制动与缓解，单阀手柄主要实现机车的单独制动。

图 2-9　制动控制器

学习工作单

<table>
<tr><td>任务 2.2</td><td colspan="3">HX_D3 型电力机车操纵台认知</td></tr>
<tr><td>学习小组</td><td></td><td>姓名</td><td></td></tr>
<tr><td colspan="4">✧ 学习工作 2.2.1　HX_D3 型电力机车的司机室整体布置</td></tr>
<tr><td colspan="4"></td></tr>
<tr><td colspan="4">✧ 学习工作 2.2.2　HX_D3 型电力机车的司机控制器</td></tr>
<tr><td colspan="4"></td></tr>
<tr><td colspan="4">✧ 学习工作 2.2.3　HX_D3 型电力机车的制动控制器</td></tr>
<tr><td colspan="4"></td></tr>
</table>

任务 2.3　HX_D3 型电力机车驾驶之机车操作

布置任务

- 了解 HX_D3 型电力机车起动前的准备工作。
- 认识 HX_D3 型电力机车升弓操作。
- 熟悉合主断以及各辅助电动机的起动过程。

相关资料

2.3.1　机车起动前的准备工作

① 将控制电器柜里的控制电路接地开关 QA59、蓄电池开关 QA61 闭合，检查电器控制柜和操纵台的控制电压表，显示值应大于 98 V。再将其他与机车运行相关的自动开关闭合。

▶注意：正常情况下，低温预热自动开关 QA56、交流加热自动开关 QA72、门控开关 QA102、撒砂加热控制开关 QA73 不允许闭合，低温预热开关 SA71 置于“0”位，需使用窗加热时，应将交流加热自动开关 QA72 闭合。

② 检查开放制动屏柜上的 A24 总风塞门和干燥器柜下方的控制风缸总风塞门 U77。

③ 将机车钥匙插入电源钥匙开关 SA49（或 SA50），旋转至起动位置，设定机车的操控端操纵台。此时，操纵台故障显示屏上“微机正常”“主断分”“零位”“欠压”“辅变流器”“水泵”“停车制动”等显示灯亮。TCMS 经过初始化，进入牵引 / 制动画面，显示“原边电压”“原边电流”“控制电压”“机车各轴牵引力”“主断分 / 合”等机车状态信息，故障信息界面中无故障信息显示。点按微机显示屏上的按钮，可切换为其他状态界面。例如，主变流器 / 牵引电机界面、开关状态界面、通风机状态界面、辅助电源界面、故障记录界面等，能够查看机车的各个电力设备的详细相关信息。

④ 制动显示屏正常启动自检后，对制动显示屏进行设定确认。按“F3”键，查看制动显示屏当前设置，应为：“600 kPa、操纵端、投入、货车、不补风”。确认设定正确后，大闸置运转位，小闸置制动位。

2.3.2 电气制动操作

调速手柄从“0”位拉到制动位，电气制动开始作用。当机车速度比目标速度低时，电气制动不起作用。当机车速度比目标速度高时，电气制动起作用，以维持目标速度。

2.3.3 升弓、合主断以及各辅助电动机的起动操作

① 升弓前，首先需要确定总风缸压力在 480 kPa 以上。若不满足，到空气管路柜前查看辅助风缸压力表。若显示的风缸压力值低于 480 kPa，则按下控制柜里的辅助压缩机起动按钮，辅助压缩机起动，待辅助风缸的气压上升到 735 kPa 时，辅助压缩机自动停止。为防止损坏辅助压缩机，辅助压缩机打风时间不得过长，若超过 10 min，就需要人为断开辅助设备自动开关 QA51 和机车控制自动开关 QA45 来切断辅助压缩机回路，间隔 30 min 后可再投入使用。

② 当机车需要升弓时，将受电弓扳键开关 SB41（或 SB42）置于“后”位，使位于前进方向后面的受电弓升起。弓网接触后，两端操纵台上的网压表在显示网压的同时，在微机显示屏上也显示网压和受电弓升起状态。

③ 将操纵台上的主断路器扳键开关 SB43（或 SB44）置于“合”位，主断路器接通，此时操纵台上故障显示灯中的“主断分”显示灭灯，变压器有空载声，微机监控器的“主断合”灯亮。

④ 主断路器闭合后，辅助变流器 APU2 开始运行，油泵、水泵、辅助变流器用通风机等分别开始工作，并为压缩机和司机室空调工作准备好电源。

⑤ 将主压缩机扳键开关 SB45（或 SB46）置于“压缩机”位。当总风缸压力低于 750 kPa 时，两个压缩机依次起动；当总风缸压力升至（900 ± 20）kPa 时，压缩机自动停止工作；当总风缸压力降至 825 kPa 时，只有靠近操纵端的压缩机工作。将主压缩机扳键开关置于“强泵”位，压缩机 1、2 共同起动（有的车只有靠近操纵端的压缩机起动），此时不受总风缸压力继电器控制，待总风缸压力上升至（950 ± 20）kPa 时，高压安全阀动作，持续排风。

⑥ 将换向手柄由“0”位转换为前进位或后退位，辅助变流器 APU1 开始工作，牵引风机、复合冷却器风机均采用软起动方式投入工作。

学习工作单

<table>
<tr><td>任务 2.3</td><td colspan="3">HX_D3 型电力机车驾驶之机车操作</td></tr>
<tr><td>学习小组</td><td></td><td>姓名</td><td></td></tr>
<tr><td colspan="4">✧ 学习工作 2.3.1　HX_D3 型电力机车起动前的准备工作</td></tr>
<tr><td colspan="4"></td></tr>
<tr><td colspan="4">✧ 学习工作 2.3.2　HX_D3 型电力机电气制动操作</td></tr>
<tr><td colspan="4"></td></tr>
<tr><td colspan="4">✧ 学习工作 2.3.3　升弓、合主断以及各辅助电动机的起动操作</td></tr>
<tr><td colspan="4"></td></tr>
</table>

任务 2.4 HX_D3 型电力机车驾驶之列车操纵

布置任务

- 了解 HX_D3 型电力机车的起动操作。
- 认识 HX_D3 型电力机车的准恒速运行。
- 掌握 HX_D3 型电力机车过分相时的控制操作。

2.4.1 机车的起动操作

1. 机车起动前需要确认的事项

① 停放制动指示器应为缓解状态。停放制动作用时，操纵台的故障显示屏显示“停车制动”，将操纵台中央操作面板上的停放制动操作开关移置“缓解”位后开关自动复位，“停车制动”灯灭。

② 总风缸压力应在 470 kPa 以上。

③ 空气制动处于缓解状态。

④ 网压表显示数值为 25 kV 左右，控制电压为 110 V。

⑤ 确认辅助变流器工作正常、无故障。

⑥ 确认空气制动系统作用良好。

2. 换向手柄的操作

将换向手柄打至“前”或“后”位，辅助变流器 APU1 工作，牵引风机及复合冷却器风机均采用软启动方式开始工作。同时，主变流器的充电接触器、工作接触器相继转为“闭合”状态，当主变流器中间回路电压高于 36 V 时，主变流器“预备”指示灯亮，当调速手柄离开“0”位后，主变流器“预备”指示灯灭。

3. 主控制器调速手柄的操作

将调速手柄由“0”位进到“牵引”位，主操纵台故障显示屏上“零位”“预备”显示灯灭，机车进入牵引状态。

▶注意：调速手柄可在 1～13 级位范围内任意选择。司机将调速手柄逐渐移至所需位置，机车按照该级位的特性曲线，实现在准恒力范围内的运行。

2.4.2 机车的准恒速运行

根据调速手柄的级位设定目标速度，机车将按准恒速特性来运行：

① 机车的速度从速度范围的最低值缓慢增大，当机车速度接近设定的目标速度范围最高值时，牵引电机的牵引力自动减小。

② 当机车速度达到目标速度时，牵引电机的牵引力为 0。

③ 当线路条件发生变化时，机车的速度会有少量变化，当机车速度低于目标速度时，为维持目标速度，开始再次牵引。

④ 当机车进入下坡线路时，机车的速度就会上升，需要将调速手柄回零，通过电气制动或者空气制动，调整列车速度。

2.4.3 机车过分相时的控制操作

机车有半自动过分相和全自动过分相两种方式。

1. 半自动过分相

半自动过分相情况下，当机车运行接近分相区时，调速手柄回零后按下“过分相”按钮，机车的主断路器断开，受电弓仍保持升弓状态。通过分相区后，机车的微机控制系统检测到网压后，经过一定时间后主断路器自动闭合，重新启动辅助变流器、主变流器，再将调速手柄推进到牵引区，控制主变流器的输出电压、输出电流，从而控制牵引电机的牵引力，使机车恢复至过分相前的状态。

2. 全自动过分相

全自动过分相情况下，信号的感应、处理，由地面磁感应器、车载感应器和车感信号处理装置共同完成。当机车通过分相区时，如果运行的区段在分相区前后装设的地面感应器，机车全自动过分相检测装置将起作用，该装置通过向微机控制系统提供过分相区的信息，保证机车每次通过分相区时，司机不需要做任何操纵，机车微机控制系统即可自动断开主断路器，待通过分相区后，又能自动闭合主断路器，并保证机车恢复至通过分相区前的运行状态。

2.4.4 冗余控制与故障隔离运行

1. 微机控制柜 TCMS 的冗余控制

微机控制柜中有两组完全相同的控制单元设备，一组称为主控设备（master），另一组称为备用控制设备（slave）。在列车控制与管理系统 TCMS 正常运行的条件下，主控设备工作，备用控制设备处于通电热备状态。当主控设备发生故障时，备用控制设备即刻自动投入使用。

2. 牵引电机、主变流器故障隔离运行

机车主电路采用 6 组主变流器，分别向 6 台牵引电机独立供电。每 3 组主变流器和一组辅助变流器放置在一个变流器柜里，不过各个装置相互独立。因此，当发现某一牵引电机或其对应主变流器单元发生故障时，可以通过微机显示屏隔离相应的故障部位。在这种情况下，先将微机显示屏设定为故障隔离界面，选择界面上相应部位，然后按下面的隔离按钮，此后所选部位的显示变为“隔离”。如此操作之后，机车隔离故障部位，维持运行。

3. DC 110 V 电源装置冗余控制

DC 110 V 电源装置含两组充电电源（PSU1、PSU2），通常只有一组工作，故障发生时另外一组自动启动，供给负载电源。

机车控制电源的核心是 DC 110 V 电源装置。机车 110 V 控制电源采用的是高频电源模块与蓄电池并联，共同输出的工作方式，再通过自动开关分别送到各条支路，如微机控制系统、司机控制系统、机车控制系统、主变流器、辅助变流器、辅助设备、车内照明、电控制动系统、监控装置、无线电台、自动信号设备等。

PSU 的输入电源来自 UA11 或 UA12 的中间回路电源，当 UA11 和 UA12 均正常时，由 UA12 向 PSU 输入 DC 750 V 电源，当 UA12 故障时，转由 UA11 向 PSU 输入 DC 750 V 电源。

电源屏上设有电源模块转换开关 SW。转换开关 SW 有“自动”“关”“单元 1”“单元 2”等挡位。其中“自动”挡位表示由微机自动控制，奇数日电源 1 工作，偶数日电源 2 工作，当其中一组电源故障时，可自动切换；“关”和“单元 1”“单元 2”挡位表示手动控制，手动控制需要人为设定，将转换开关 SW 置“单元 1”，表示选择 PSU1 工作；将转换开关 SW 置“单元 2”，表示选择 PSU2 工作。在手动状态下，当电源出现故障时，不能自动切换电源。

4. 辅助变流器冗余控制

机车设有两套辅助变流器（APU1 和 APU2），其输出既可以选择变压变频（VVVF）方式，也可以选择恒压恒频（CVCF）方式，以满足不同负载的需要。当辅助变流系统正常工作时，所有泵类负载如压缩机、油泵、水泵、空调机组等由 APU2 供电，采用恒压恒频方式；而所有风机类负载如牵引风机、冷却塔风机等由 APU1 供电，采用变压变频方式。当任何一组辅助变流器出现故障时，通过微机监控系统的信息传递和故障切换，可以实现由另一组辅助变流器以恒压恒频方式对全部辅助机组供电（只有非操纵端压缩机不工作），完成了机车辅助变流系统的冗余控制，提高了机车辅助变流器系统的可靠性。

5. 发生接地故障时主变流器、辅助变流器装置隔离运行

控制电器柜内分别设有主电路和辅助电路的接地故障隔离开关（GS1～GS6、GS7 和 GS8）。当机车主电路或辅助电路发生接地现象时，机车的接地保护装置动作，微机显示屏会显示接地故障信息，司机可将故障支路的主变流器或辅助变流器切除，继续维持机车运行，回段后再做处理。若确认只有一点接地，也可将控制电器柜上对应的接地故障隔离开关打至“中立”位，继续维持机车运行，回段后再做处理。维持机车运行时，司机应加强巡视，防止接地故障进一步扩大。

6. 辅助电动机隔离运行

机车上各辅助电动机电路均设有自动开关进行短路和过载保护。当某一辅助电动机发生过流、过载时，其对应的自动开关将断开，实施保护。机车辅助电动机在故障运行时应注意以下几点：

① 若机车运行时仅一台压缩机工作（当任一 APU 故障时，只有靠近操纵端的压缩机工作），由于充气所需的时间很长，为保证主储气罐的压力不显著下降，运用时要注意观察。

② 当牵引风机发生故障隔离时，只有对应的主变流器和牵引电机停止工作。

③ 当复合冷却器风机发生故障时，其对应的 3 组主变流器单元和三台牵引电机全部停止工作。

④ 当主变压器油泵发生故障被隔离时，其对应的 3 组主变流器单元和三台牵引电机全部停止工作。

7. 受电弓隔离运行

当受电弓升弓气路发生故障时，让该受电弓降下，并将侧墙升弓气路板上的阀门关闭，切断该受电弓的气路。

在一组受电弓损坏且存在接地故障的情况下，将控制电器柜上的受电弓隔离开关 SA96 打至相应隔离位，将车顶上相应的受电弓高压隔离开关 QS1 或 QS2 断开，该受电弓被隔离，机车需要升起另一组受电弓，继续维持运行，回段后再做处理。

2.4.5 紧急制动

紧急制动时，按下驾驶台的紧急开关（红色按钮），断开主断路器，启用空气紧急制动。

2.4.6 结束运行操作

运行结束，离开机车前应完成以下操作：

① 将换向手柄回零取出；将自阀手柄置重联位，插好锁闭销；将单阀手柄置全制动位。

② 断开主断路器，降下受电弓。

③ 关闭驾驶台所有开关，取下机车钥匙。

④ 将停车制动器置于制动状态，即将操纵台控制面板上的停放制动开关设定为制动。停放制动启动后，操纵台故障指示灯中“停车制动”灯亮。

⑤ 关闭制动屏柜上的总风塞门 A24 和气阀柜下面的控制风缸总风塞门 U77。

⑥ 关掉电器控制柜上的蓄电池开关 QA61。

⑦ 下车检查“储能制动”显示牌，应显示制动状态，为红色。

学习工作单

任务 2.4	HX_D3 型电力机车驾驶之列车操纵		
学习小组		姓名	

✧ 学习工作 2.4.1　HX_D3 型电力机车的起动操作
✧ 学习工作 2.4.2　HX_D3 型电力机车的准恒速运行
✧ 学习工作 2.4.3　HX_D3 型电力机车过分相时的控制操作

任务 2.5 HX_D3 型电力机车应急故障处理

布置任务

- 了解 HX_D3 型电力机车故障应急处理注意事项。
- 掌握 HX_D3 型电力机车受电弓无法升起故障处理方法。
- 掌握 HX_D3 型电力机车主断路器合不上故障处理方法。

相关资料

2.5.1 应急故障处理前的注意事项

① 进行故障处理之前，必须将调速手柄及换向手柄回零，断开主断路器。

② 机车在运行途中不允许断开下列开关或断路器，否则会造成机车惩罚制动：

a）微机控制 1、2 自动开关 QA41（QA42）；

b）司机控制 1、2 自动开关 QA43（QA44）；

c）机车控制自动开关 QA45；

d）电空制动自动开关 QA55；

e）电源钥匙开关 SA49（SA50）；

f）蓄电池开关 QA61。

③ 人为断开上述开关后，再重新闭合需要间隔 1 min 以上。

④ 重新闭合蓄电池开关 QA61 后，应确认好监控装置状态。

2.5.2 机车大复位操作

① 必须停车操作。机车可靠制动，断开主断路器，降下受电弓，断开电钥匙。

② 断开蓄电池充电断路器。60 s 后重新闭合该断路器。

③ 闭合电钥匙，升受电弓、合主断路器，重新加载。

2.5.3 受电弓无法升起故障处理

① 升另一端受电弓进行试验，若正常，则可在允许条件下维持运用。

② 气路检查，内容如下：

a）确认总风塞门 A24 处于开启位，如图 2-10 所示。

图 2-10　总风塞门 A24

b）当升弓气路风压低于 500 kPa 时，使用辅助压缩机泵风；当风压达 735 kPa 时，停止打风。辅助压缩机起动按钮如图 2-11 所示。

c）蓝钥匙应处于竖直位，如图 2-12 所示。

图 2-11　辅助压缩机起动按钮

图 2-12　蓝钥匙

d）控制风缸总风塞门 U77 处于竖直位，如图 2-13 所示。

e）升弓塞门 U98 置于管路平行位，如图 2-14 所示。

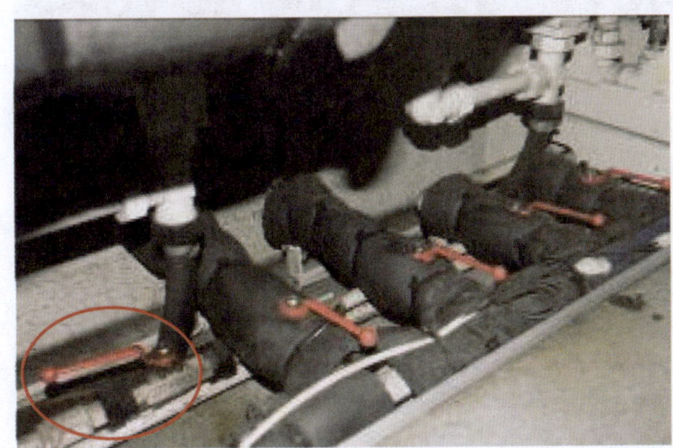

图 2-13　控制风缸总风塞门 U77

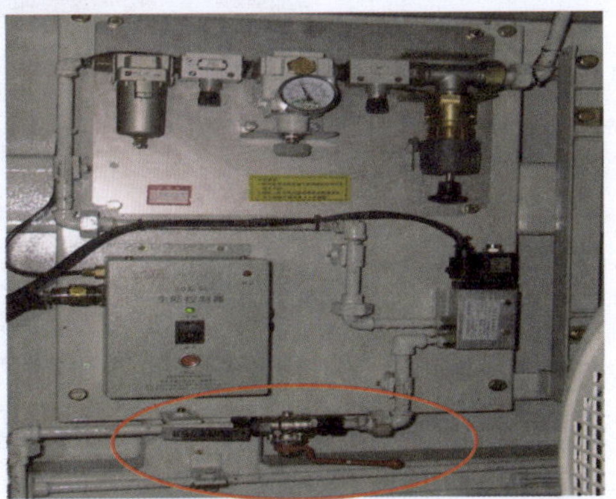

图 2-14　升弓塞门 U98

图 2-15　受电弓隔离转换开关 SA96

③ 电路检查，内容如下：

a）受电弓隔离开关 SA96 应在“0”位，如图 2-15 所示。

b）主断控制器红灯亮或无显示，如图 2-16 所示。

c）检查升弓电磁阀状态，确认升弓电磁阀板压力表无压力显示，说明该电磁阀未得电，可换弓运行，如图 2-17 所示。

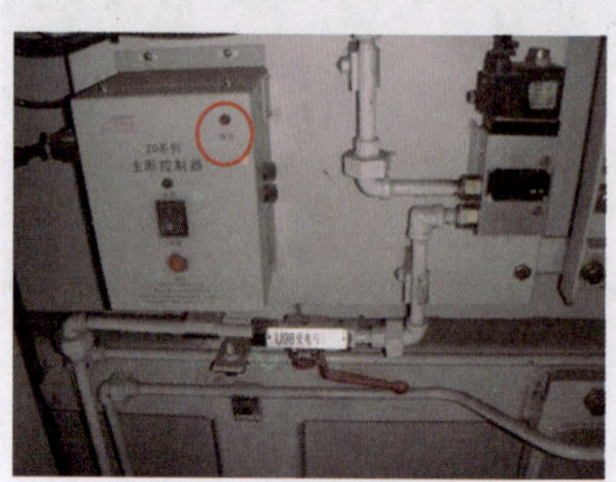

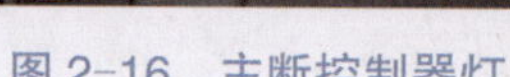

图 2-16　主断控制器灯

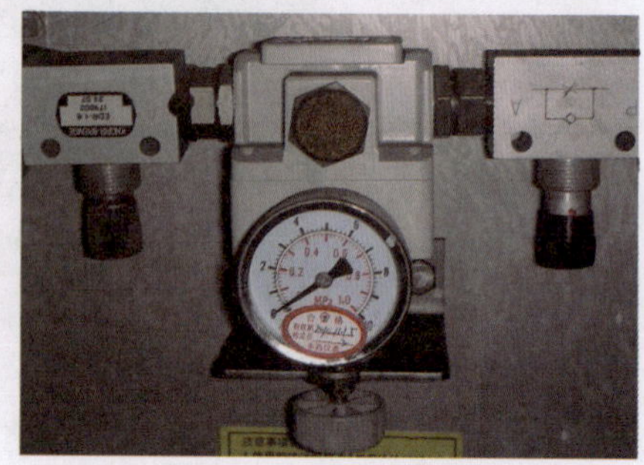

图 2-17　升弓电磁阀板压力表

④ 如果仍不能升弓，停车做复位处理。

2.5.4　运行途中网压为零故障处理

① 立即停车，确认弓网状态。如果受电弓未降下，检查控制电源柜上“网侧电压”开关 QA1（如图 2-18 所示）是否断开，重新闭合后确认网压。如果仍然无网压显示，立即询问车站接触网是否停电。

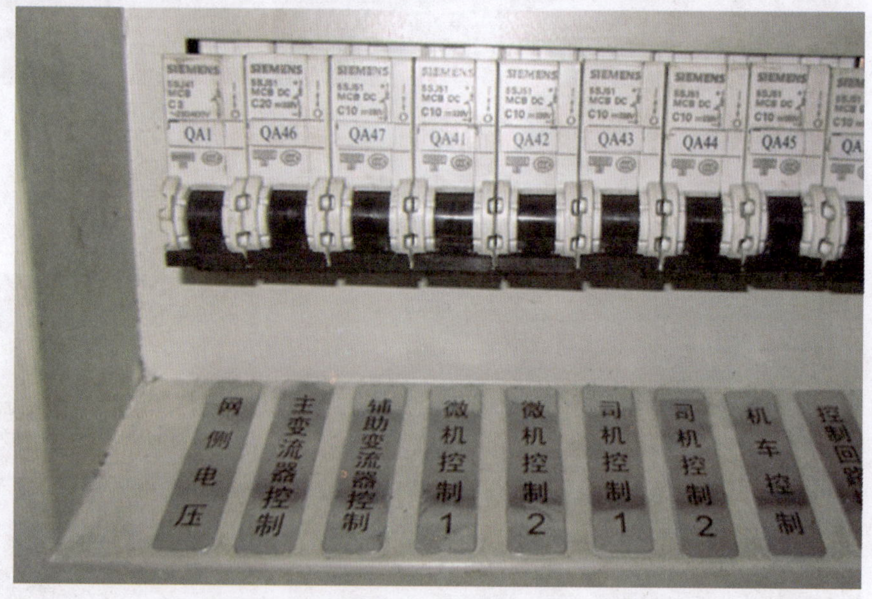

图 2-18　控制电源柜上“网侧电压”开关 QA1

② 如果受电弓降下，接触网无异常，可操作控制电源柜上的受电弓故障隔离开关（如图 2-19 所示），隔离故障的受电弓。升另一受电弓，维持运行。

图 2-19 受电弓故障隔离开关

▶注意：如果出现弓网故障，按弓网故障处理条例执行。

2.5.5 主断路器合不上故障处理

① 确认网压（如图 2-20 所示）及调速手柄的位置（如图 2-21 所示）。

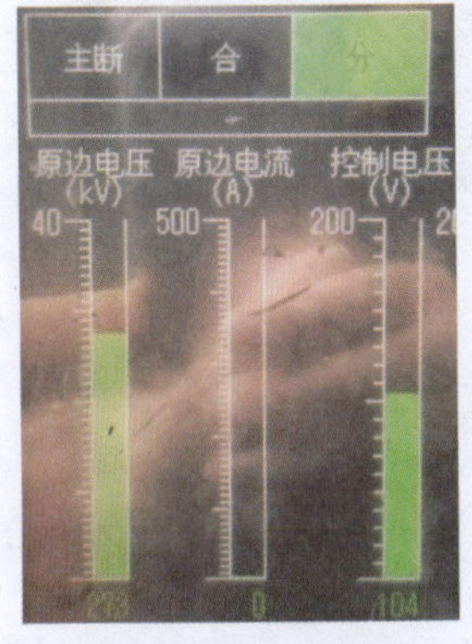

图 2-20 网压显示

图 2-21 调速手柄的位置

② 制动显示屏幕左上方显示“动力切除”，将自阀手柄置抑制位 1 s，再移至运转位，消除“动力切除”（如图 2-22 所示）。检查“紧急停车”按钮，确保其处于弹起位。

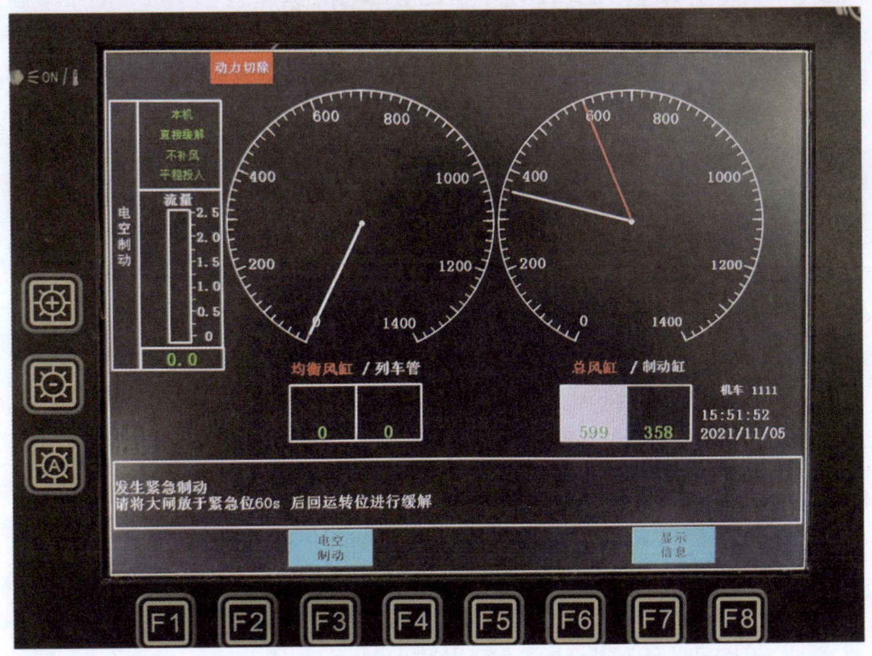

图 2-22 制动显示屏左上方显示“动力切除”

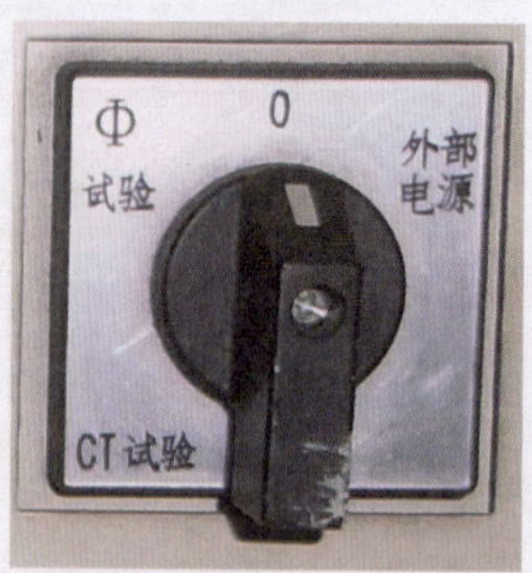

图 2-23　CI 试验开关 SA75

图 2-24　主断路器供风塞门 U94

图 2-26　自动过分相装置试验按钮

③ CI 试验开关 SA75 在“0”位，如图 2-23 所示。

④ 主断路器供风塞门 U94 在开启位，如图 2-24 所示。

⑤ 控制风缸压力不低于 650 kPa，如图 2-25 所示。

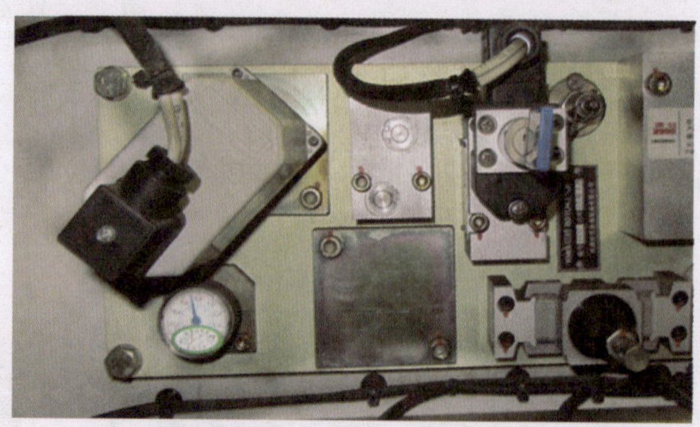
图 2-25　控制风缸压力

2.5.6　过分相后主断路器无法闭合故障处理

① 确认半自动过分相按钮 SB67（SB68）、自动过分相装置试验按钮（自复式，如图 2-26 所示）处于弹起位。

② 手动闭合主断路器。

③ 如果按上述方法处理后主断路器仍不能闭合，条件允许时维持运行进站，再采用大复位的方法处理。

▶注意：如果自动过分相装置故障，可关闭其电源，手动过分相。

2.5.7　提主手柄无牵引力输出故障处理

① 确认总风缸压力在 480 kPa 以上，手动缓解停车制动，“停车制动”指示灯灭灯，如图 2-27 所示。

图 2-27　“停车制动”指示灯

② 当制动显示屏显示“动力切除”时（如图 2-28 所示），确认非操纵端大闸是否在重联位、警惕装置是否动作。

③ 当制动显示屏显示“惩罚制动”时，将大闸移置抑制位 1 s（如图 2-28 所示），待惩罚制动消除后，继续运行。

④ 进入 TCMS 屏的风机状态画面（如图 2-29 所示），确认各风机起动完毕。

⑤ 过分相后，若加载无牵引力，可将主手柄回零后重新加载，并注意手柄级位与机车速度是否相符。

⑥ 如果上述处理无效，可采用大复位方法处理。

⑦ 如果大复位仍无效，则请求救援。

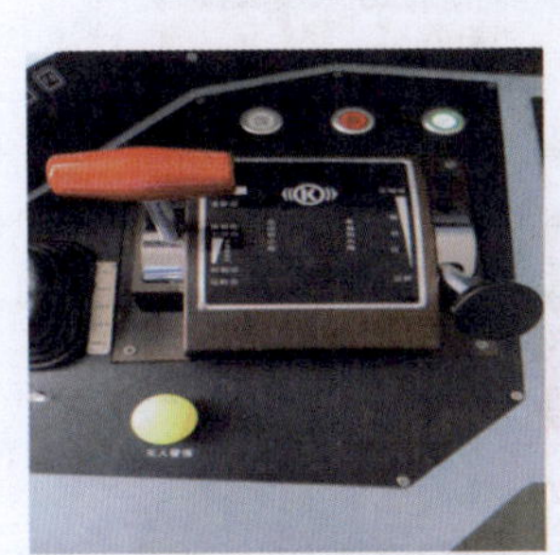

图 2-28　大闸抑制位

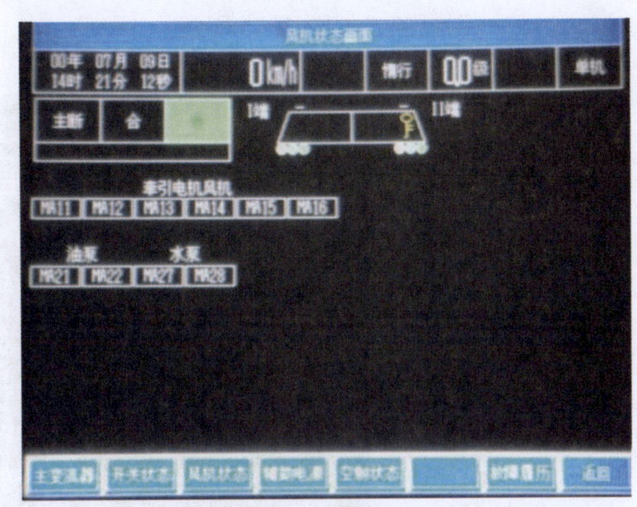

图 2-29　风机状态画面

2.5.8　辅机（油泵、牵引风机、复合冷却器风机）故障处理

① 断开主断路器，将控制电器柜上相应空气断路器重新闭合，如图 2-30 所示。

② 当无法恢复时，可维持运行。

图 2-30　控制电器柜上的空气断路器

③ 对于油泵故障，当两个油泵中有一个故障时，先断合几次故障油泵的空气自动开关，若能恢复则继续运行，否则 TCMS 检测到信号后会自动将相应的一组变流器隔离，同时另一组变流器将降功率运行，也可以直接断开故障油泵的空气自动开关维持运行。当出现这种故障时，牵引力、制动力将降低一半以上。

④ 对于牵引风机故障，当一组通风机故障时，可断合几次相应的空气自动开关，同时 TCMS 会自动将相应的一组 CI 切除，即主变流器 6 组中有一组不工作，机车保持 5/6 的牵引力，可完成一般的牵引任务，如图 2-31 所示。

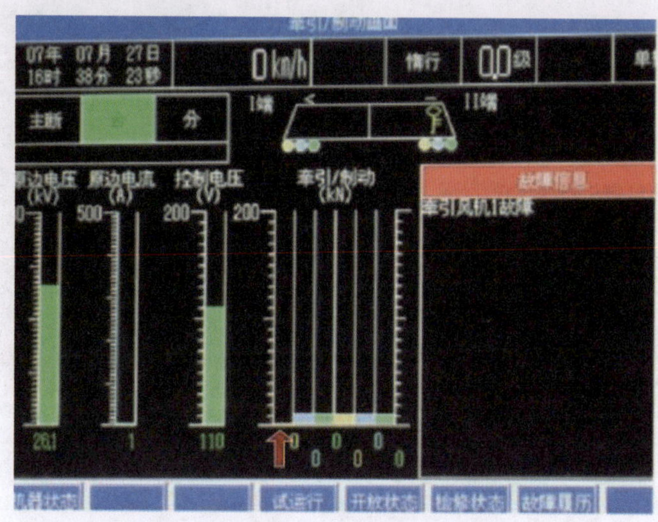

图 2-31　牵引风机故障

⑤ 对于冷却塔风机故障，当一组通风机故障时，在牵引 / 制动界面的故障信息中显示复合冷却器风机 1 或复合冷却器风机 2 故障，并伴随蜂鸣器的响声，可断合几次相应的空气自动开关将故障排除。如果故障无法排除，可断开复合冷却器风机断路器，用 3 个牵引电机维持运行。

▶ 注意：经以上处理后，虽然能正常工作，但变压器油温会逐渐升高，最终会因为油温过高而停止动力输出。司机可根据牵引吨位、行走路程以及油温升高的情况采取相应的措施。

2.5.9　油温高继电器动作处理

当油温高继电器（如图 2-32 所示）动作后，机车无牵引力、制动力输出，应立即请求救援。

图 2-32　油温高继电器

2.5.10　牵引风机风速继电器故障处理

当一组风机风速继电器故障时，TCMS 会自动将相应的一组 CI

切除，即主变流器 6 组中有一组不工作，机车保持 5/6 的牵引力，可完成一般的牵引任务，维持运行。如果 TCMS 不能将 CI 切除，乘务员可手动断开相应的牵引风机断路器。

2.5.11 主变流器 CI 整流、逆变组件故障处理

当机械间里有很大的“放炮”声音，主断路器跳开，司机室微机显示屏显示相应的主变流器 CI 故障（如图 2-33 所示）时，应将调速手柄回零，打开“开放”界面，切除故障的 CI 后再合主断路器，如图 2-34 所示。如果能合上主断路器，手柄能提到位，可以维持运行，但应在运行中注意观察牵引电机的牵引力。如果合不上主断路器，或者提手柄后主断路器就跳开，应立即隔离其他的 CI，然后再合主断路器，提手柄。

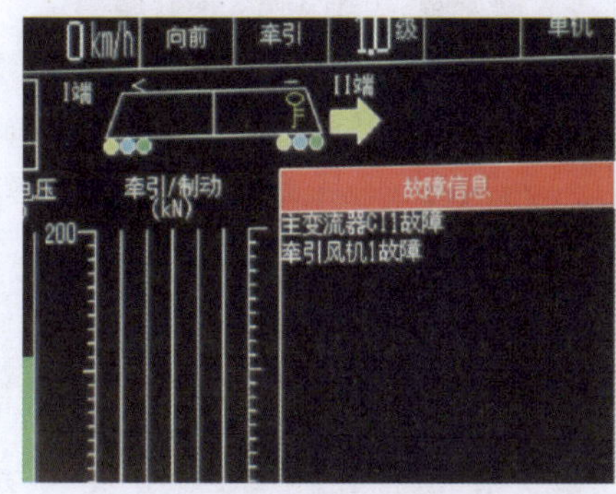

图 2-33 主变流器 CI 故障

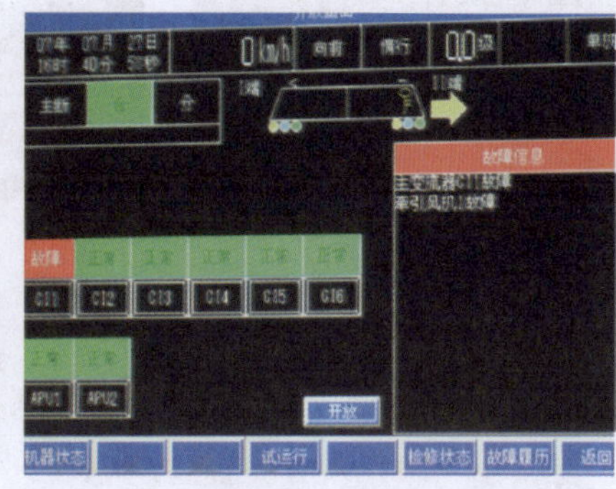

图 2-34 切除故障 CI，闭合主断路器

▶ 注意：

① 当故障反复发生时，使用复位按钮不得超过三次，以免 CI 烧损。

② 当故障严重时，在机械间可能伴有很大的“放炮”声音或冒烟现象，司机应果断处置。

2.5.12 主变流器接地故障处理

当一组主变流器出现接地故障时，TCMS 会发出跳主断的指令，同时微机显示屏会显示相应的一组接地。此时应将调速手柄回零，立即隔离相应的 CI，再合主断路器，维持运行。如果合不上主断路器，或提手柄后主断路器跳开，应立即隔离其他 CI。

2.5.13 牵引电机过流、接地、转速传感器故障处理

① 当牵引电机接地或过流时，微机显示屏将显示相应故障。须将司控器主手柄回零，立即隔离相应的 CI。如果无效，则隔离其他 CI。

② 当机车正常运行时，若空转严重，可将空转的（或 6 路中唯一不空转的）那一路 CI 进行隔离，即切除一个电机，也就是切除故

障的转速传感器，机车保留 5/6 牵引力，可继续完成牵引任务。

2.5.14　辅助变流器装置故障处理

① 检查微机显示屏有无故障提示，根据故障提示，将调速手柄和换向手柄回零，如图 2-35 所示。断开主断路器隔离故障的 APU。

② 如果微机显示屏无故障信息提示（如图 2-36 所示），仅“辅变流器”故障指示灯亮，可将调速手柄和换向手柄回零，手动隔离 APU1 或 APU2，然后进行加载试验。

③ 如果隔离 APU 无效或无法将其隔离时，立即进行大复位操作，重新隔离。

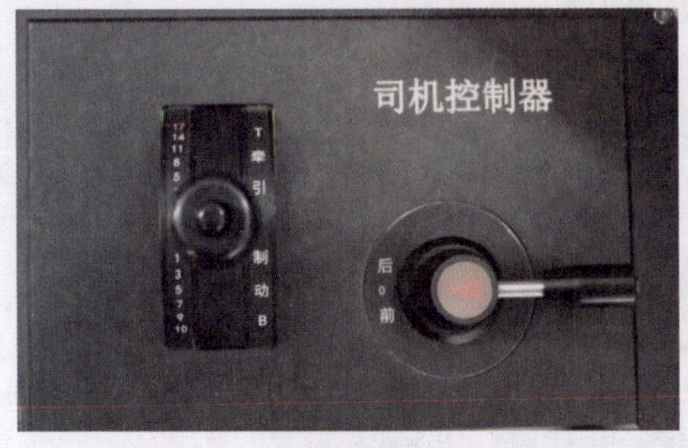

图 2-35　主手柄和换向手柄回零

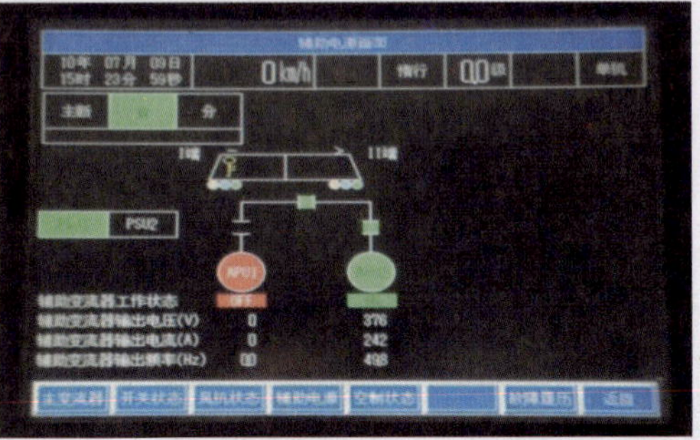

图 2-36　微机显示屏无故障信息提示

▶注意：

① 如果在 2 min 内 APU 连续多次故障，该辅助变流器将被锁死，必须断开辅助变流器控制开关 QA47（如图 2-37 所示）后重新将其闭合，手动隔离故障的 APU。

② 高温天气时，机车易发生 APU 过热故障，当两组 APU 均显示故障时，可尝试断合 QA47 后交替切换 APU1 或 APU2，维持运行至前方站停车。

③ 当 APU 隔离成功后，故障提示灯“辅变流器”仍然亮为正常现象。

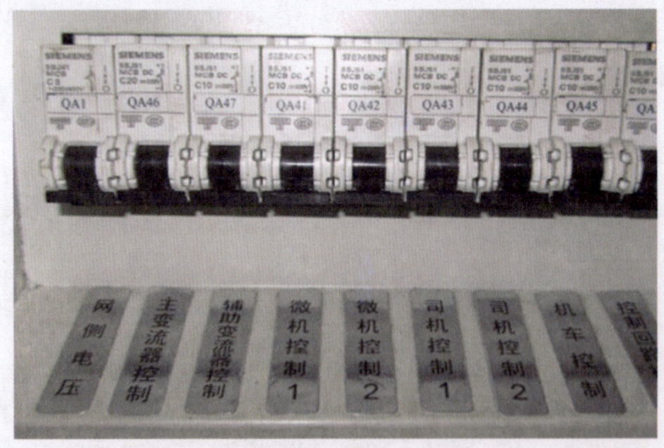

图 2-37　辅助变流器控制开关 QA47

2.5.15　辅助回路接地故障处理

当发生辅助回路接地故障时，状态指示灯上的“辅接地”灯亮，主断路器断开，处理方法如下。

① 断开辅助变流器控制开关 QA47，重新将其闭合。

② 切除显示故障的 APU1 或 APU2，维持运行。

③ 如果故障依然存在，断开下列开关：QA25、QA17、QA18、QA21～QA22、QA11～QA16、QA11～QA20。

④ 重新合主断路器，再依次闭合上述开关，当闭合到某开关时显示屏提示辅助回路接地，可将该开关断开，维持运行。

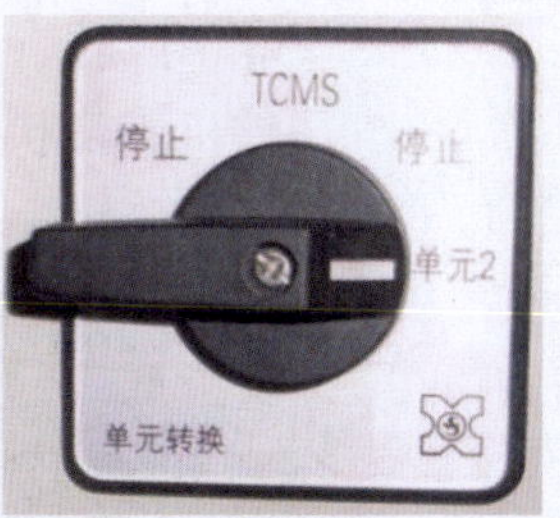

（a）单元 1

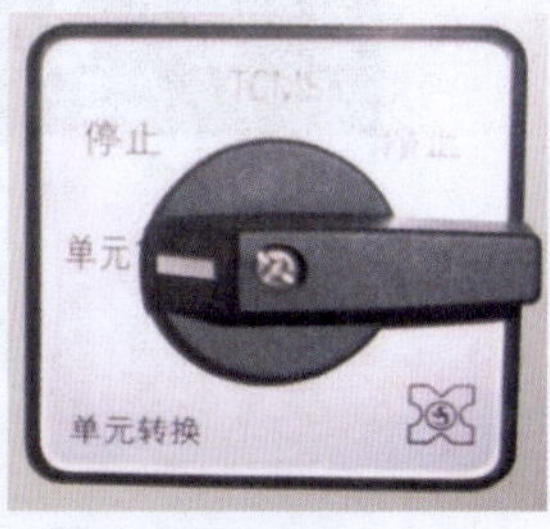

（b）单元 2

图 2-38　手动转换 PSU

2.5.16　DC 110 V 电源装置不工作故障处理

① 断开主断路器、QA47、QA106 后再重新闭合 QA47、QA106，合主断路器，观察控制电压，当控制电压显示 110 V 且不下降后，可继续运行。

② 如果蓄电池电压不处于充电状态，可用“单元转换”旋钮手动转换 PSU，如图 2-38 所示。

③ 如果两组充电装置都不工作，则请求救援。

2.5.17　控制回路接地故障处理

当发生控制回路接地故障时，控制电路接地开关 QA59 跳断，状态指示灯上的“控制接地”灯亮，处理方法如下。

① 重新闭合 QA59 及相应跳开的自动开关，正常后继续运行。

② 如果故障现象再次出现，在不影响行车的情况下只闭合 QA59 即可；如果影响行车，则断开 QA59，维持运行，但需要加强机械间检查。

2.5.18　空气压缩机不工作故障处理

① 将空气压缩机（简称空压机，本书中的称谓尽量与实际车型一致）自动开关 QA19、QA20 重新闭合，如图 2-39 所示。

② 查看微机显示屏中“空气压缩机故障”信息是否消除，如图 2-40 所示。如果多功能状态显示灯“空气压缩机”红灯灭，可继续运行。

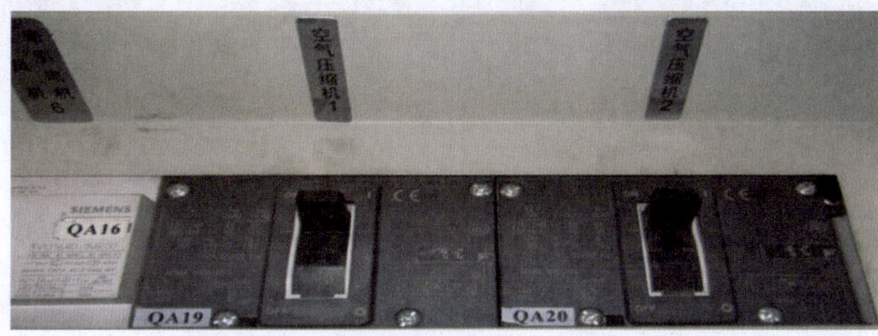

图 2-39　空气压缩机自动开关 QA19、QA20

③ 将操纵台上“压缩机”扳键开关打至“强泵风”位，确认 TCMC 显示屏中的空气压缩机工作状态，如图 2-41 所示。

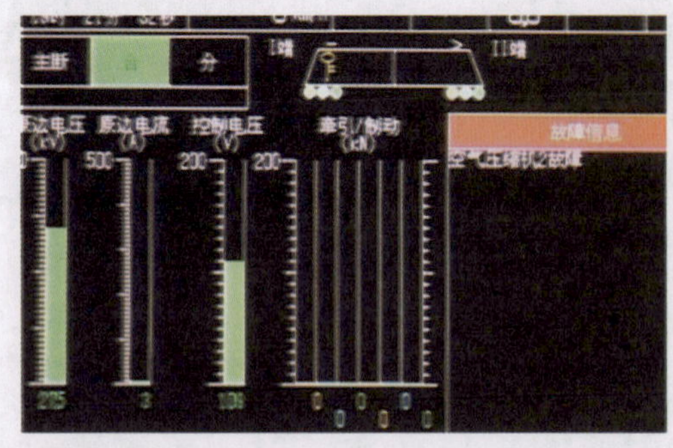

图 2-40　微机显示屏显示空气压缩机故障信息

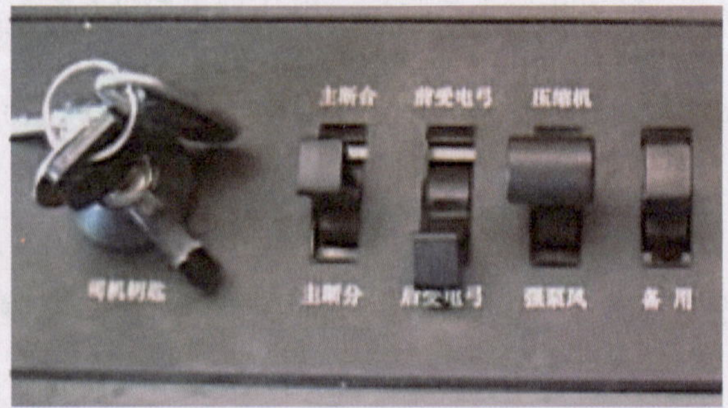

图 2-41　“压缩机”扳键开关打至“强泵风”位

④ 如果只有一台空气压缩机工作，可维持运行；如果两台空气压缩机都不工作，应停车请求救援。

2.5.19　制动显示屏 LCDM 故障处理

当制动显示屏 LCDM 故障时，会出现显示屏黑屏、画面卡滞等现象，处理方法如下：

① 如果无影响，可维持运行。

② 注意观察制动机械压力表（如图 2-42 所示）。监控工况显示栏的列车管、均衡风缸、制动缸压力，如果制动缸有非正常压力产生，应停车开放平均管塞门（如图 2-43 所示）。

③ 有条件停车时，采取大复位的方法处理。

图 2-42　制动机械压力表

图 2-43　平均管塞门

2.5.20　警惕装置故障处理

警惕装置故障的表现为：警惕装置误动作、警惕按钮或者脚踏开关触点粘连，处理方法如下：在显示屏上按压检修状态键，输入密码，在状态选项中进行功能选择，将无人警惕装置进行隔离，如图 2-44 所示。

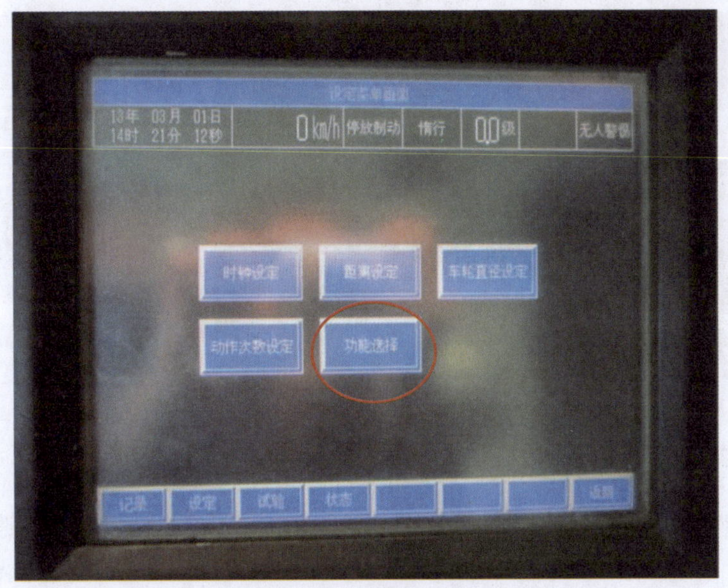

图 2-44　功能选择

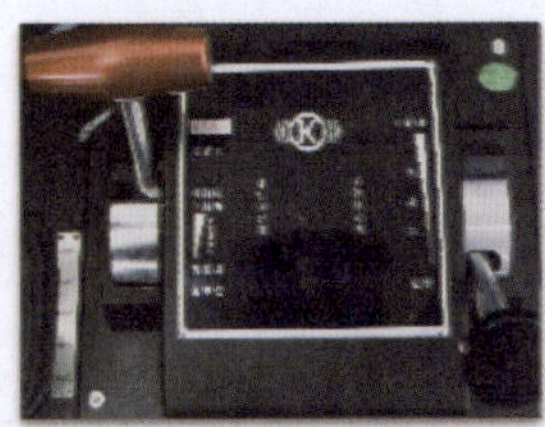

图 2-45　自阀手柄、单阀手柄位置

2.5.21　无火回送操作方法

① 自阀手柄移到重联位，插好定位穿销；单阀手柄移到运转位，如图 2-45 所示。

② 断开电空制动自动开关 QA55，将制动系统断电，再断开蓄电池脱扣，以免蓄电池亏电，如图 2-46 所示。

图 2-46　断开蓄电池脱扣

③ 将 ERCP 模块上无火回送塞门转到“无火回送”位，如图 2-47 所示。

④ 将总风缸压力排放至 250～300 kPa，如图 2-48 所示。

图 2-47　无火回送塞门

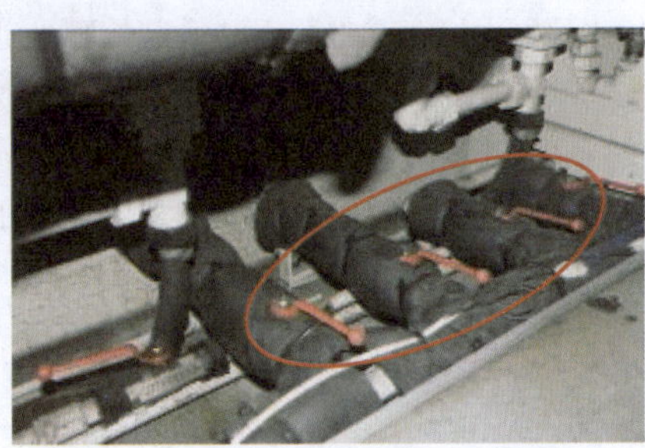

图 2-48　排放总风缸压力

⑤ 将停放制动隔离阀门 B40.06 打到隔离位。

⑥ 将端部四个平均管塞门开放，如图 2-49 所示。

⑦ 手动缓解停放制动单元，确认夹钳是否缓解，如图 2-50 所示。

⑧ 连接列车管后缓慢开放塞门，等列车管压力升至定压。

图 2-49　将端部四个平均管塞门开放

图 2-50　手动缓解停放制动单元

⑨ 本务机车进行制动与缓解操作，确认无火机车与本务机车制动、缓解状态一致。缓解时，停放制动指示器为红色，制动指示器为绿色，制动时二者均为红色，否则必须重新进行设置操作。

学习工作单

<table>
<tr><td>任务 2.5</td><td colspan="3">HX_D3 型电力机车应急故障处理</td></tr>
<tr><td>学习小组</td><td></td><td>姓名</td><td></td></tr>
<tr><td colspan="4">✧ 学习工作 2.5.1　HX_D3 型电力机车故障应急处理注意事项</td></tr>
<tr><td colspan="4"></td></tr>
<tr><td colspan="4">✧ 学习工作 2.5.2　HX_D3 型电力机车受电弓无法升起故障处理方法</td></tr>
<tr><td colspan="4"></td></tr>
<tr><td colspan="4">✧ 学习工作 2.5.3　HX_D3 型电力机车主断路器合不上故障处理方法</td></tr>
<tr><td colspan="4"></td></tr>
</table>

模块 3

HX_D3B 型电力机车

HX_D3B 型电力机车是中国铁路的电力机车车型之一，由中车大连机车车辆有限公司及加拿大庞巴迪运输集团联合研制。它是在 HX_D3 型电力机车设计制造技术平台的基础上，借鉴庞巴迪公司的 IORE 型电力机车，为满足中国铁路重载货运需要而研发的大功率交流传动干线货运用六轴电力机车，持续功率为 9 600 kW，最高运行速度为 120 km/h。

HX_D3B 型电力机车是交—直—交流电传动的单相工频交流电力机车，机车主电路由主变压器、牵引变流单元、牵引电机三大部分构成。

接触网导线上的 25 kV 工频单相交流电电流，经受电弓、主断路器进入机车后再输入主变压器，交流电经过主变压器的六个牵引绕组降压后向牵引变流器供电；单相交流电经过六组四象限脉冲整流器整流为直流电，每两组四象限脉冲整流器向一个中间直流回路供电，一个中间直流回路向两组牵引逆变器供电，六组牵引逆变器将直流电转换成三相交流电输出，每组牵引逆变器向一台异步牵引电机供电，实现机车的轴控驱动，使牵引电机产生转矩，将电能转变为机械能，经过齿轮的传递驱动轮对。

（扫描二维码，学习更多内容）

任务 3.1　HX_D3B 型电力机车特性及主要设备介绍

HX_D3B 型电力机车是目前世界上 6 轴机车中单机功率最大、技术水平最高、性能指标最先进的电力机车，可单机牵引 5 000～6 000 t 货物列车，具有较大的加速能力和牵引通过能力，是中国铁路货运重载的主型机车。该型机车集成了众多现代高新技术，多项关键技术将引领中国和世界的机车技术发展。

图 3-1　首台 HX_D3B 型电力机车下线剪彩

2008 年 12 月 29 日，首台 HX_D3B 型电力机车下线剪彩（如图 3-1 所示），这是中国铁路史上也是世界铁路史上第一台单机功率达 9 600 kW 的机车。

2009 年 7 月，在铁科院完成型式试验，同年 9 月开始批量生产。

2009 年 10 月 10 日，开赴南京东机务段投入运用。

2010 年 2 月 27 日，开赴苏家屯机务段投入运用。

布置任务

- 了解 HX_D3B 型电力机车的主要特点。
- 认识 HX_D3B 型电力机车的主要技术参数。
- 熟悉 HX_D3B 型电力机车的设备布置。

相关资料

3.1.1　HX_D3B 型电力机车的主要特点

① C_0—C_0 轴式，交—直—交流电传动，采用 3 组 IGBT 水冷变流柜，1 632 kW 大转矩异步牵引电机，具有起动（持续）牵引力大、持续速度高、黏着性能好、功率因数高等特点。

② 每组变流柜内集成一台由中间直流回路供电的辅助变流器。整车提供 2 组 VVVF 和 1 组 CVCF 三相辅助电源，分别对辅助机组进行分类供电，该系统冗余性强，在机车通过分相区时辅助系统可以维持供电。

③ 采用分布式微机网络控制系统，具有以下功能：对各类变流器和传动系统的控制功能，机车运行状态的显示功能，完整的故障保护、故障记忆及显示功能，一定程度上的故障自排除、自动切换和故障处理指导功能，以及机车的网络重联功能。

④ 将真空主断路器、接地开关、高压隔离开关、避雷器、高压电压互感器、高压电流传感器等高压电器集成在机械间的高压柜内，极大地降低雾、雪、粉尘等条件下的高压设备的故障率，提高机车的可靠性。

⑤ 车体采用整体承载的框架式焊接结构，有利于提高车体的强度和刚度。

⑥ 转向架采用滚动抱轴承半悬挂结构，二系采用高圆螺旋弹簧、低位斜牵引杆技术，小齿轮双端支撑驱动装置。

⑦ 采用下悬式一体化多绕组牵引主变压器，除牵引绕组外，还集成三台谐振电抗器，冷却方式为强迫导向油循环风冷式。

⑧ 机车顶盖设有密闭风腔，冷却风源从风腔进入车内，保证了风源的清洁性，减少了尘埃对被冷却设备的污染，改善了冷却效果。每个转向架的 3 台牵引电机由一台通风机冷却；主变流器水冷和主变压器油冷采用水、油复合式冷却塔；另外还设置了车体通风机来保证机械间的微正压通风，以减少尘埃进入机械间。

⑨ 采用 CCBⅡ空气制动系统，具有空电制动功能。机械制动采用轮盘制动。

⑩ 采用预布线、预布管技术，车内中间走廊的下层排列制动管路，中间层和上层排列动力电缆，控制导线及光缆排布在侧墙的线槽内。动力电缆和控制导线分别布设可降低电磁干扰，提高控制系统的可靠性。

3.1.2 HX_D3B 型电力机车的主要技术参数

1. 牵引性能参数

传动方式：交—直—交流电传动

持续功率：9 600 kW

最高运行速度：120 km/h　持续运行速度：68.2 km/h

起动牵引力：570 kN　持续牵引力：506 kN

2. 动力制动性能参数

电制动方式：再生制动

电制动功率：9 600 kW（72～120 km/h）

最大电制动力：480 kN

3. 机车主要结构尺寸

轴式：C_0—C_0

机车总重：150 t　轴重：25 t

车钩中心线距轨面高度（新轮）：（880 ± 10）mm

排障器距轨面高度：（110+10）mm

车体高度：4 250 mm（新轮）

车体宽度：2 950 mm

机车前、后车钩中心距：22 781 mm

图 3-2　HX_D3B 型电力机车司机室设备布置

3.1.3　HX_D3B 型电力机车设备布置

1. 司机室设备布置

司机室的结构和设备布置参照规范化司机室要求、考虑人机工程进行优化设计。司机室设备布置如图 3-2 所示。

2. 机械间设备布置

机械间设备布置如图 3-3 所示。

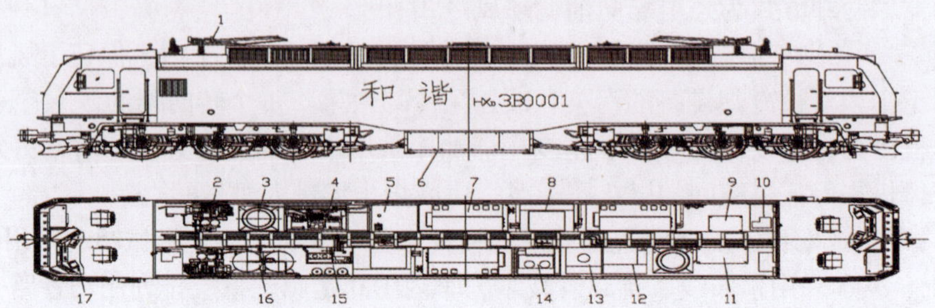

1—受电弓；2—空压机组；3—牵引风机；4—高压柜；5—低压电源柜；6—主变压器；7—牵引变流器；8—冷却塔；9—TCMS 柜；10—空调机组；11—行车安全柜；12—控制电器柜；13—卫生间；14—辅助滤波柜；15—制动柜；16—总风缸；17—操纵台。

图 3-3　HX_D3D 型电力机车机械间设备布置

其中，机车的牵引变流器如图 3-4 所示，高压柜如图 3-5 所示。辅助滤波柜如图 3-6 所示，控制电器柜如图 3-7 所示。

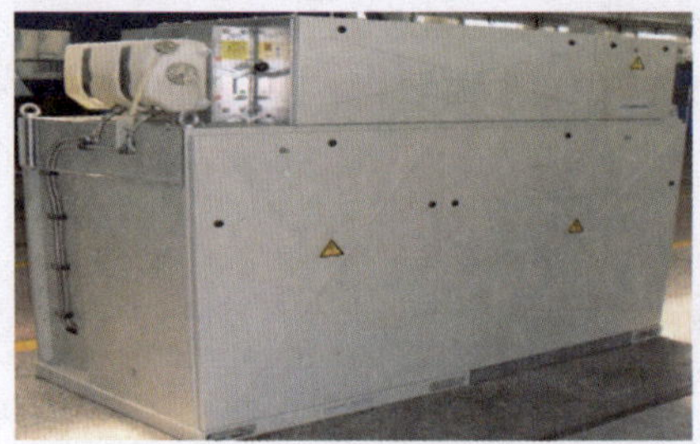

图 3-4　牵引变流器

图 3-5　高压柜

图 3-6　辅助滤波柜

图 3-7　控制电器柜

3. 车顶设备

机车顶盖由 3 个顶盖组成，在两侧顶盖上布置有受电弓、避雷器及高压电缆高压套管（如图 3-8 所示），在中央顶盖上设有检修用天窗，由此上车顶进行检修和维修作业。为确保安全，天窗设置了钥匙联锁装置。

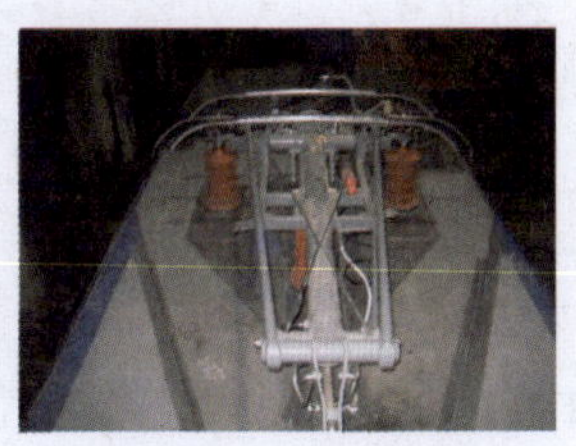

图 3-8 车顶设备

4. 车下设备

① 主变压器：悬挂在机车中部。

② 牵引电机：配置在转向架上。

③ AC 380 V、DC 110 V 库用插座。

④ 行灯插座。

⑤ 机车电子标签。

⑥ 过分相装置感应器。

⑦ 机车信号感应线圈。

⑧ 机车速度传感器：安装于 2、5 轴端。

5. 机车通风冷却系统

HX_D3B 型电力机车的通风冷却系统主要由四部分组成。

① 第一部分为牵引电机通风冷却，用来对牵引电机的强迫通风冷却。

② 第二部分为冷却塔通风冷却，用来冷却主变压器油和主变流器。

③ 第三部分为辅助设备通风冷却，用来冷却辅助变流器和辅助滤波柜。

④ 第四部分为机械间通风，用来实现机械间散热，并形成正压和保证一些设备的用风。

6. 牵引电机通风冷却

牵引电机通风由两台通风机（如图 3-9 所示）来完成，每一台通风机用来冷却一个转向架上的三台牵引电机。

图 3-9 牵引电机通风机

牵引电机的通风冷却气路走向：车外大气—离心沉降过滤器—车顶进气间—通风机—风机底座—车体风道—连接软管—牵引电机—大气。

7. 冷却塔通风

冷却塔用来冷却主变压器油和主变流器的纯水加乙醇混合液，每台机车安装两台冷却塔。冷却塔通风如图 3-10 所示。

① 冷却塔 1 的冷却功率为 350 kW，用来冷却变压器和 1、3 号主变流器。

② 冷却塔 2 的冷却功率为 275 kW，用来冷却主变压器和 2 号主变流器。

图 3-10　冷却塔通风

冷却塔主要由通风机组和散热器两部分组成。通风机组位于冷却塔的上部，散热器位于冷却塔的下部。散热器是由水散热器和油散热器两部分组成的复合式散热器，上下两层布置，上面为水散热器，下面为油散热器。

冷却塔通风气路的走向：

车外大气—离心沉降过滤器—车顶进气间—通风机—水散热器—油散热器—车体底架—大气。

8. 辅助设备通风

辅助设备通风主要包括辅助滤波柜通风和辅助变流器通风，用来冷却发热的电气元件。

辅助滤波柜通风的气路走向：

车外大气—离心沉降过滤器—车顶独立风道—辅助滤波柜—车体底架—大气。

辅助变流器通风的气路走向：

车外大气—离心沉降过滤器—机械间进风—主变流器柜内辅助变流器—机械间。

9. 机械间通风

1）顶部风扇

在机械间顶部布置了两个风扇，用于向机械间吹风，其主要作用有 3 个：首先是保证机械间正压；其次是向空气压缩机提供所需的清洁空气；最后是带走机械间电气设备所散发的热量。

2）压力保障装置

当机械间压力大于 70 Pa 时，在压力作用下自动打开压力保障装置的翻转门，该翻转门出口连接车外，保证机械间室内气体经箱体内腔及出口排出机械间，降低机械间内压力。

学习工作单

任务 3.1	HX_D3B 型电力机车特性及主要设备介绍		
学习小组		姓名	
✧ 学习工作 3.1.1　HX_D3B 型电力机车的主要特点			
✧ 学习工作 3.1.2　HX_D3B 型电力机车的主要技术参数			
✧ 学习工作 3.1.3　HX_D3B 型电力机车的设备布置			

（扫描二维码，
学习更多内容）

任务 3.2　HX_D3B 型电力机车操纵台认知

布置任务

- 了解 HX_D3B 型电力机车操纵台的组成。
- 认识 HX_D3B 型电力机车操纵台主要设备的功能。
- 认识 HX_D3B 型电力机车停车位置按钮的功能。

相关资料

3.2.1　司机室主要设备及其功能

HX_D3B 型电力机车司机操纵台的设备布置如图 3-11 所示。

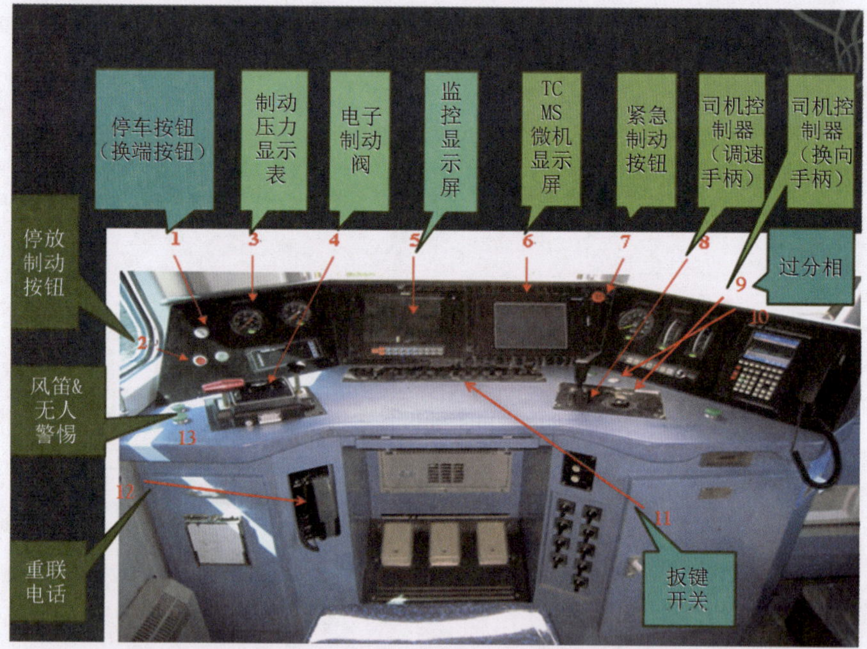

图 3-11　HX_D3B 型电力机车司机操纵台的设备布置

司机操纵台上主要设备的功能如图 3-12 所示。

序号	部件名称	功能	操作
1	停车位置按钮	也称换端按钮，机车升双弓进行换端操作时使用	
2	停放制动按钮	红色按钮为停放制动作用按钮，绿色按钮为停放制动缓解按钮	施加停放制动：点动红色按钮 缓解停放制动：点动绿色按钮
3	制动压力显示表	实时显示总风、列车、前后走行部制动缸的压力	
4	电子制动阀	控制列车及机车的制动作用	红色手柄：自动制动阀手柄 黑色手柄：单独制动阀手柄
5	监控显示屏	显示监控信息	
6	微机显示屏	显示机车牵引系统及制动系统各状态信息	
7	紧急制动按钮	产生紧急制动作用，机车主断路器断开	作用位：按下 缓解位：旋转后弹出
8	司机控制器	产生机车牵引力或再生制动力	牵引：前推 制动：后拉

图 3-12　司机操纵台上主要设备的功能

3.2.2　停车位置按钮的功能

设置该按钮是为了方便机车换端操纵，并使机车在非操纵模式下能保证制冷、加热、通风、制动及控制系统的正常运行。停车位置按钮如图 3-13 所示。

进入停车位置工况的前提是：

① 操纵端司机室被设定。

② 受电弓升起，主断路器闭合。

③ 司机控制器置“0”位。

④ 机车速度为零。

图 3-13　停车位置按钮

按下停车位置按钮后的动作是：

① 控制系统自动投入弹停制动。

② 牵引变流器禁止功率输出，同时控制系统发出升双弓的指令，机车升起双弓。

乘务员换端操作要在 3 min 内进行，这期间机车钥匙可以拔出，微机控制系统持续有电，当司机进入另一端司机室，插入机车钥匙，并将其打至“2”位后，司机按下停

车位置按钮，可解除停车位置工况。

解除停车位置工况后，机车自动选择后弓，前弓自动降下，弹停制动仍然有效，需要司机手动解除。如果 3 min 内司机没有进行换端操作，微机控制系统将发出断主断、降弓指令，然后微机控制系统自动失电。

3.2.3 微机显示屏

微机显示屏的作用如下：① 显示各仪表的实时压力值以及列车管流量；② 显示制动系统的状态；③ 用于制动系统测试、状态更改及故障报警显示 。微机显示屏如图 3-14 所示。

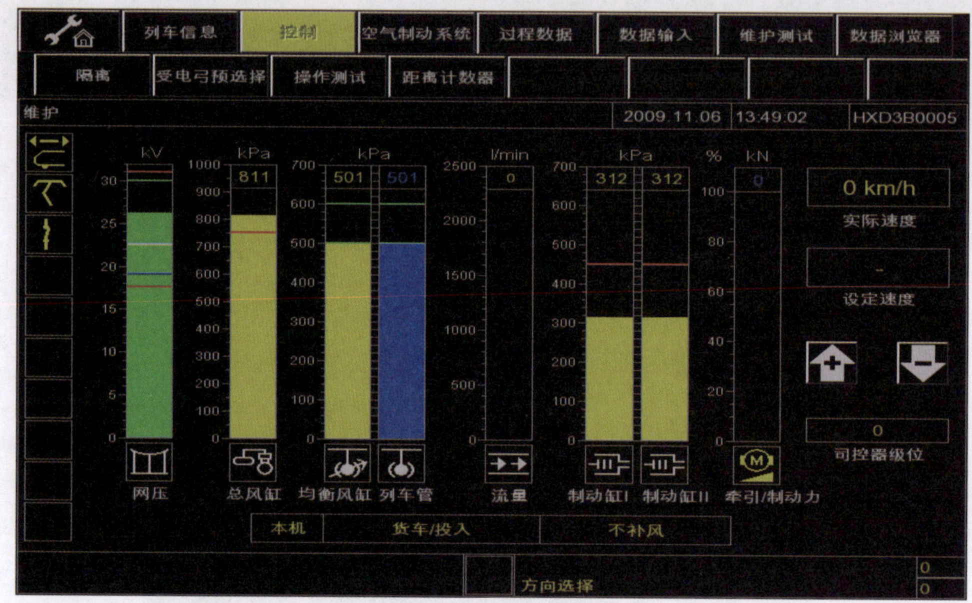

图 3-14 微机显示屏

3.2.4 调速手柄和换向手柄之间的相互机械联锁

1. 操作手柄

司机控制器有一个调速手柄和一个换向手柄，如图 3-15 所示。

调速手柄是固定式的，在“0”位自联锁。换向手柄是可取式（钥匙式）的，且只能在“0”位插入或取出。换向手柄同时也是辅助司机控制器的控制手柄，这样整台机车的司机控制器合用一只活动手柄（钥匙手柄），从而保证了机车在运行中，只能操作一台司机控制器，其余均被锁在“0”位，不致引起电路指令发生混乱。

2. 机械联锁

① 换向手柄只能在调速手柄处于“0”位时才能变换位置，可防止带电变换运行方向。

② 调速手柄只能在换向手柄处于非中立位时才能变换位置，保证了确定运行方向后才能带载。

③ 换向手柄只有在“0”位时才能取下，保证了取下换向手柄后，调速手柄只能保持在“0”位而不能再进行其他位置的移动。

图 3-15 司机控制器

学习工作单

任务 3.2	HX_D3B 型电力机车操纵台认知		
学习小组		姓名	
✧ 学习工作 3.2.1 HX_D3B 型电力机车操纵台的主要组成			
✧ 学习工作 3.2.2 HX_D3B 型电力机车操纵台上主要设备的功能			
✧ 学习工作 3.2.3 HX_D3B 型电力机车停车位置按钮的功能			

（扫描二维码，学习更多内容）

任务 3.3 HX$_D$3B 型电力机车驾驶之微机显示屏操作

布置任务

- 了解 HX$_D$3B 型电力机车微机显示屏的布置。
- 掌握 HX$_D$3B 型电力机车微机显示界面的操作方法。
- 认识过程数据－断路器界面。

相关资料

3.3.1 HX$_D$3B 型电力机车微机显示屏布置

机车两端司机室各设一个微机显示屏，该屏以触摸式智能显示方式通过以太网与机车控制系统主 VCU（vehicular communication unit，车载通信装置）相连，显示语言有中文和英文两种，可以通过屏幕上的按键进行切换。

机车的各种运行数据显示、设备状态显示、制动系统设置、主断路器和辅助设备测试及输入到 VCU 的软开关命令等都是通过微机显示屏来实现的；微机显示屏还用于机车控制软件仿真测试、即时发生的故障信息显示、故障确认、故障处理及记录故障发生时的有关数据信息等。

1. 微机显示屏的工作模式

微机显示屏有两种工作模式：操纵界面模式和维护界面模式。其中操纵界面模式是机车正常运用时向司机提供的界面模式，维护界面模式是机车维护检修时向维护人员提供的界面模式。

▶注意：某些界面功能只适用于维护界面模式，但操纵界面模式下的所有功能均适用于维护界面模式。

2. 微机显示屏的操作方法

微机显示屏主界面如图 3-16 所示。

① 在微机显示屏主界面上端部，显示“列车信息”“控制”“空气制动系统”“过程数据”等按钮，单击后可分别进入到下一级界面。上端部第二行分别为“背景灯开闭”“白天 / 夜间色彩调节”“屏幕亮度调节”“语言更换”“清理屏幕”“操纵 / 维护界面转换”等功能按钮。

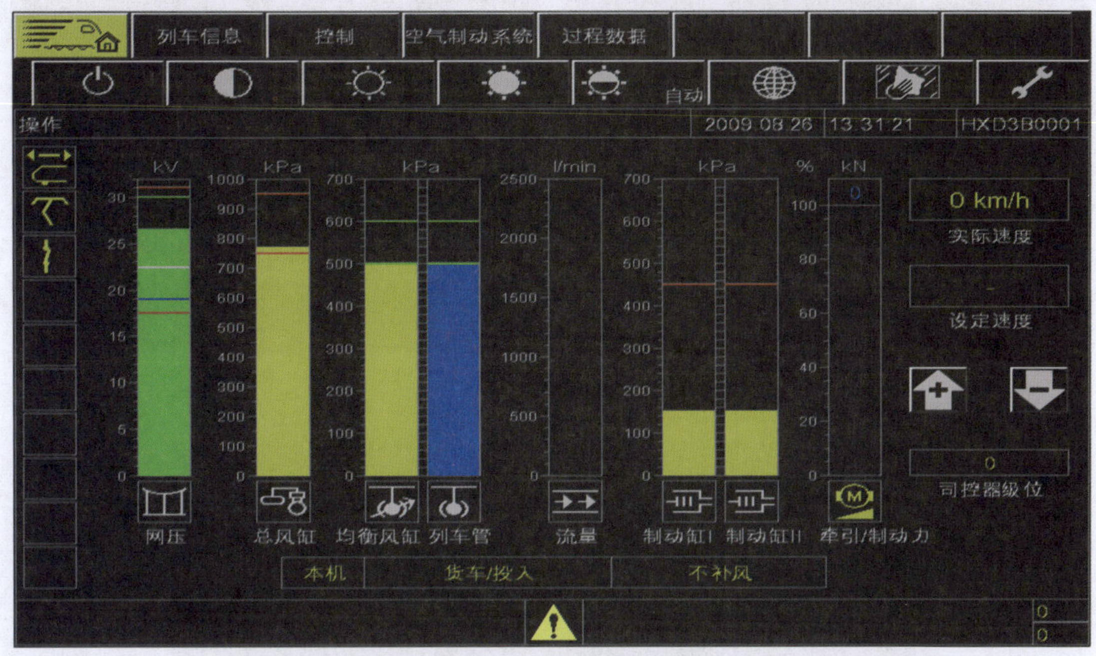

图 3-16　微机显示屏主界面

② 屏幕中部左侧以图标显示机车当前的状态，例如运行方向、受电弓状态、主断路器状态、弹停状态等。

③ 屏幕中部显示机车正常运行的状态信息，如网压、总风缸压力、均衡风缸压力、列车管压力、流量、制动缸 I 的压力、制动缸 II 的压力、机车输出的牵引 / 制动力等，在下面显示所选定的制动模式，如本机、货车 / 投入和列车管不补风等信息。

④ 屏幕右侧显示机车定速模式下的机车实际速度、设定速度及司控器级位，并设有定速调节按钮。

⑤ 屏幕右下角显示的是对司机操纵的提示信息。

⑥ 如果有故障发生，屏幕左下角会有信息提示。

3.3.2　控制 – 隔离界面

在主界面上端部依次选择“控制”|“隔离”，打开控制 – 隔离界面，如图 3-17 左图所示。

在此界面下，可以手动隔离牵引变流器、电机变流器、辅助变流器、动力制动、空气压缩机、警惕控制、轮缘润滑等。在界面下部显示的是当前隔离阀门的工作状态。当设备被隔离时，其对应隔离开关显示为红色，并需要进一步确认，如图 3-17 右图所示。当此界面有红色的故障显示时，可以尝试触动右下角的“清除所有故障隔离”来清除故障，如无法清除，则需要联系检修人员。

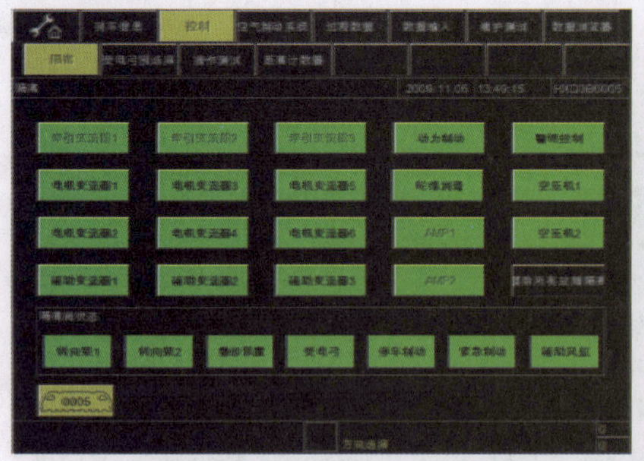
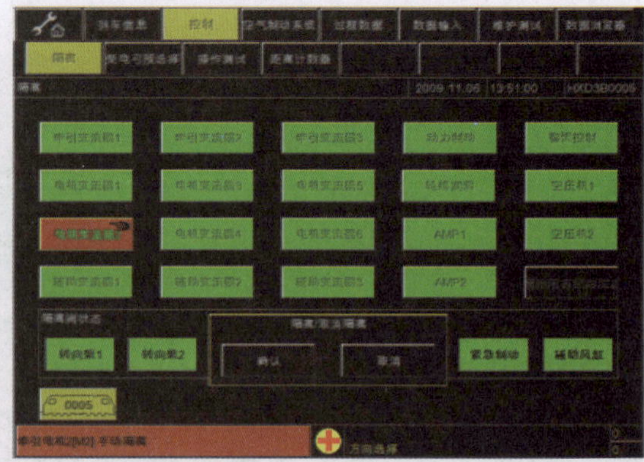

图 3-17　控制 - 隔离界面

在隔离设备故障信息界面（如图 3-18 所示）中，需要司机进一步确认。按左上角的主界面软开关，即可返回主界面。

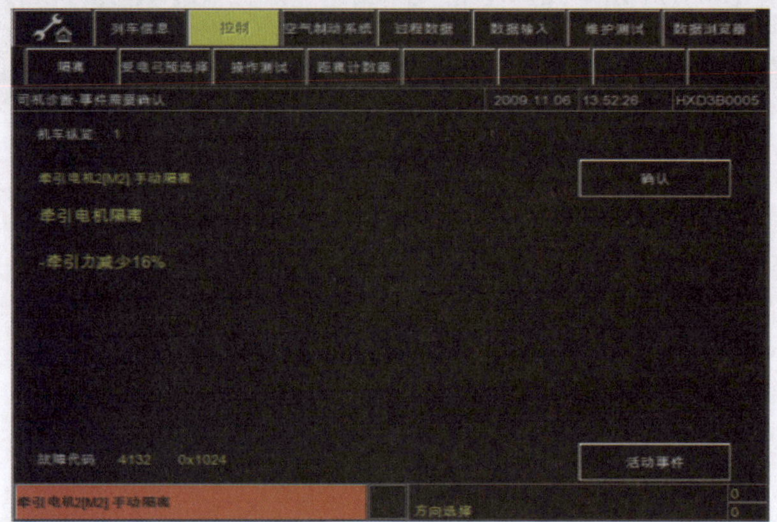

图 3-18　隔离设备故障信息界面

3.3.3　控制 - 受电弓预选择界面

在主界面上端部依次选择“控制”|“受电弓预选择”，打开控制 - 受电弓预选择界面，如图 3-19 所示。

从图 3-19 可以看出，共有 5 种受电弓预选择模式，通过控制高压隔离开关，可以完成受电弓的预选择。对于单机运行，受电弓完全按预选开关的设定模式进行选择。受电弓预选开关一旦设定，就成为默认模式，司机不需要每次上车后都做重新选定，只有当需要改变受电弓的升弓模式时，才在降弓状态下进行更改。

3.3.4　控制 - 操作测试界面

在主界面上端部依次选择“控制”|“操作测试”，打开控制 - 操作测试界面，如

图 3-20 所示。

在维护界面模式下进入此界面，激活“无人警惕测试”软开关，可以实现机车静态下的无人警惕功能测试；激活“指示灯测试”软开关，可以完成对操纵台上的各类指示灯的通断状态测试。

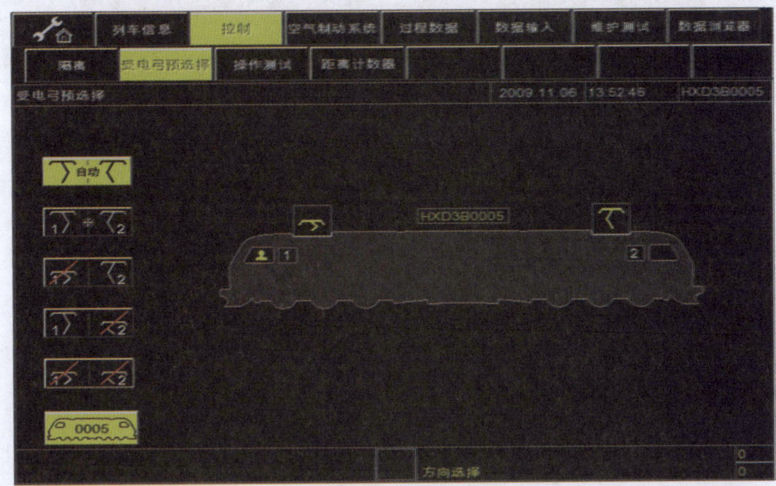

图 3-19 控制 - 受电弓预选择界面

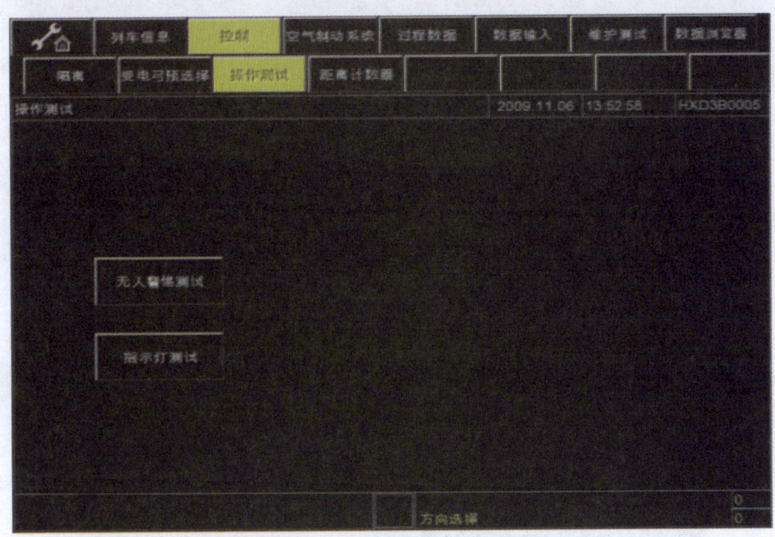

图 3-20 控制 - 操作测试界面

3.3.5 控制 - 距离计数器界面

在主界面上端部依次选择“控制”|“距离计数器”，打开控制 - 距离计数器界面，如图 3-21 所示。

在操纵界面模式下进入此界面，通过激活“距离计数”软开关，可以实现机车运行途中试验距离的测试。

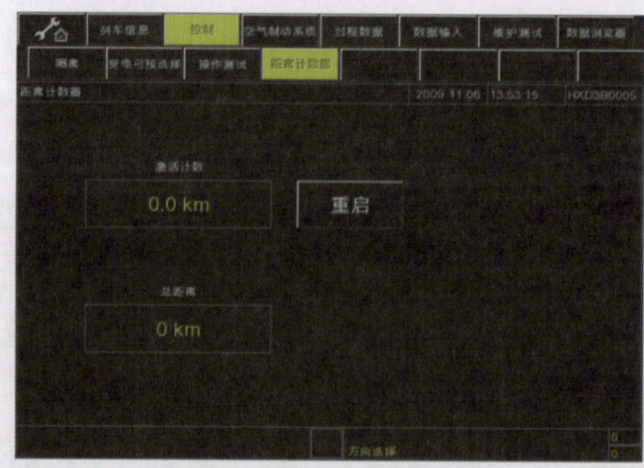

图 3-21 控制 - 距离计数器界面

3.3.6 空气制动系统 – 制动设置界面

在主界面上端部依次选择“空气制动系统”|“制动设置”，打开空气制动系统 - 制动设置界面，如图 3-22 所示。

进入该界面后，可以进行机车制动模式的设置，如均衡风缸压力 500 kP 或 600 kP 设置、本机或补机设置、货车投入或切除设置、客车投入或切除的设置，以及列车管补风或不补风的设置。

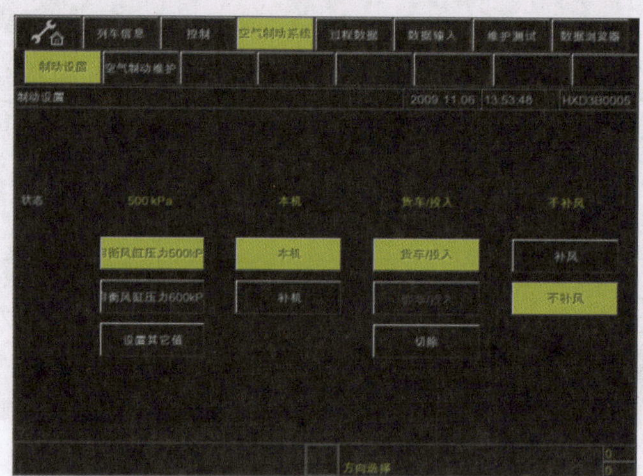

图 3 22 空气制动系统 - 制动设置界面

3.3.7 空气制动系统 – 维护菜单界面

在主界面上端部依次选择“空气制动系统”|“空气制动维护”，打开空气制动系统 - 维护菜单界面，如 3-23 所示。

进入该界面后，可以进行机车制动系统软件版本的查询及制动系统故障摘要查询等，并进行制动系统自检功能的实施。

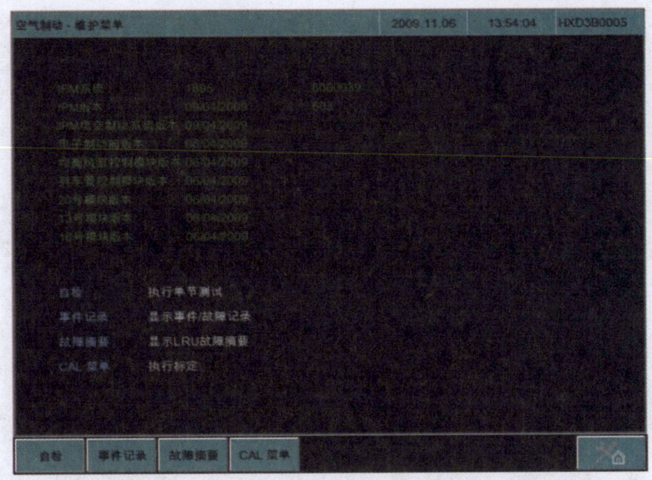

图 3-23 空气制动系统 - 维护菜单界面

3.3.8 过程数据 - 空调界面

在主界面上端部依次选择“过程数据”|“空调”，打开过程数据 - 空调界面，如图 3-24 所示。

进入该界面后，可以进行机车空调系统运行状态及温度信息查询。

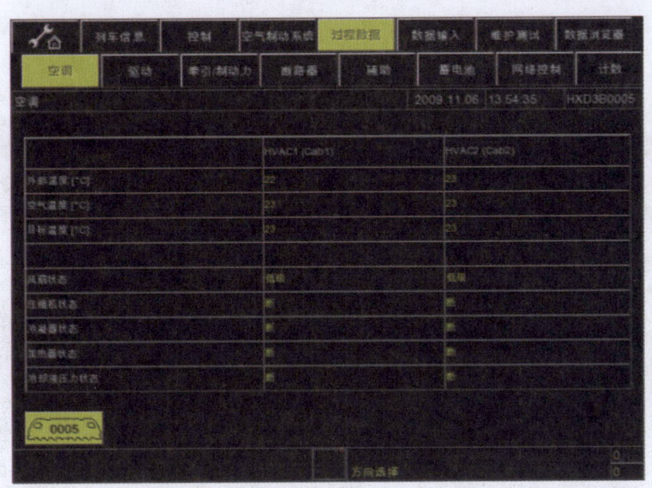

图 3-24 过程数据 - 空调界面

3.3.9 过程数据 - 驱动界面

在主界面上端部依次选择“过程数据”|“驱动”，打开过程数据 - 驱动界面，如图 3-25 所示。

进入该界面后，可以进行机车驱动系统即时信息的查询，包含每个变流器信息、变压器温度信息、机车温度信息、轴速度信息及实际输出的牵引 / 制动力信息、原边网压、原边电流及原边功率等信息。

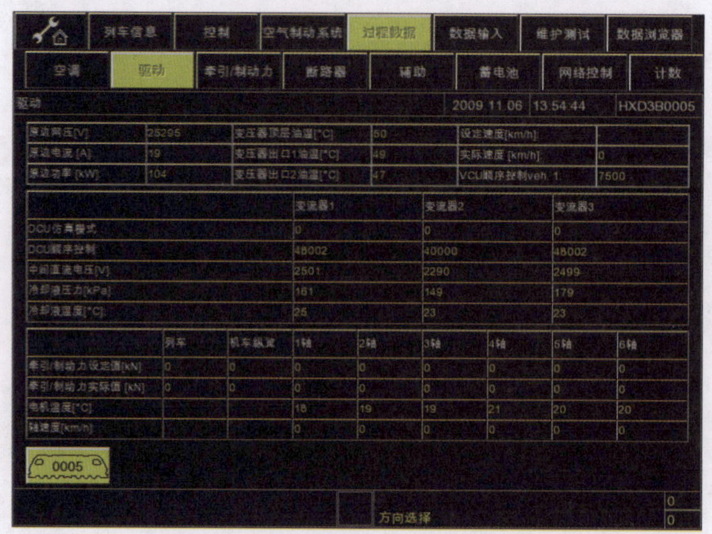

图 3-25 过程数据 - 驱动界面

3.3.10 过程数据 - 牵引 / 制动力界面

在主界面上端部依次选择“过程数据”|“牵引 / 制动力”，打开过程数据 - 牵引 / 制动力界面，如图 3-26 所示。

进入该界面后，可以进行机车整车及每个轮轴的设置，查询实际输出的牵引 / 制动力信息。

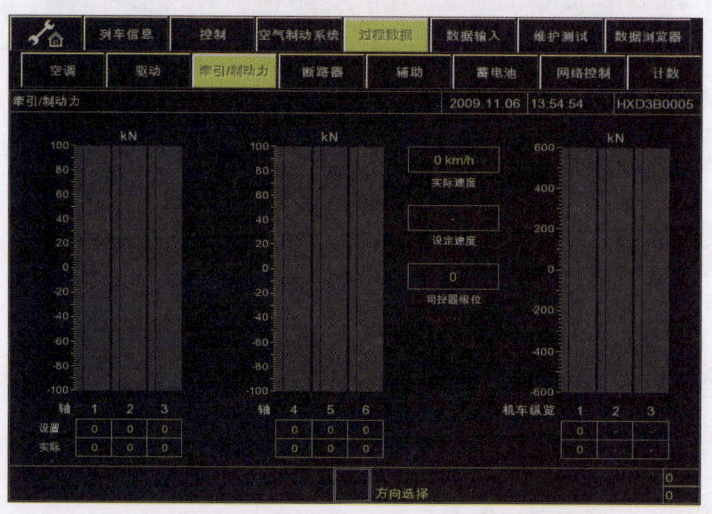

图 3-26 过程数据 - 牵引 / 制动力界面

3.3.11 过程数据 - 断路器界面

在主界面上端部依次选择“过程数据”|“断路器”，打开过程数据 - 断路器界面，如图 3-27 所示。

进入该界面后，可以查询机车所有自动开关（断路器）的状态信息，当自动开关闭合时对应的指示灯绿色显示，当自动开关断开时对应的指示灯红色显示。

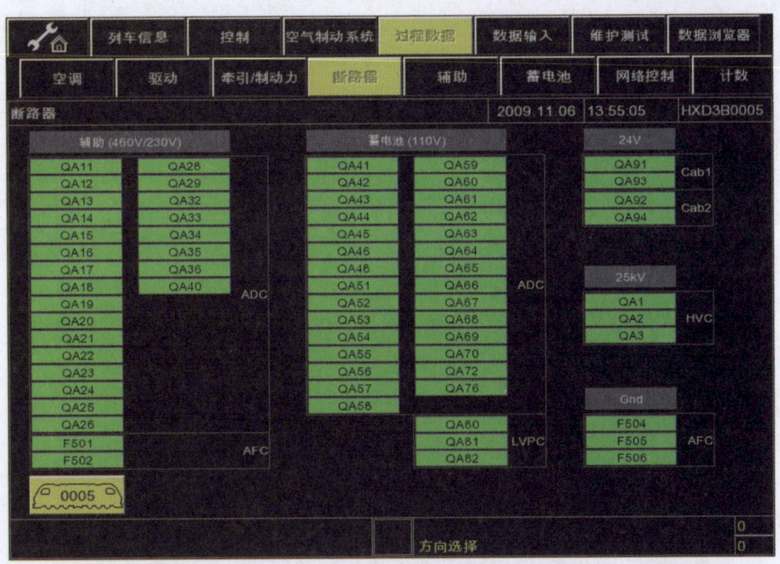

图 3-27　过程数据 - 断路器界面

3.3.12　过程数据 - 辅助界面

在主界面上端部依次选择“过程数据”|“辅助”，打开过程数据 - 辅助界面，如图 3-28 所示。

进入该界面后，可以查询机车每路辅机供电系统对应的自动开关及接触器的开闭状态，进而确认该路辅机是否投入运行。

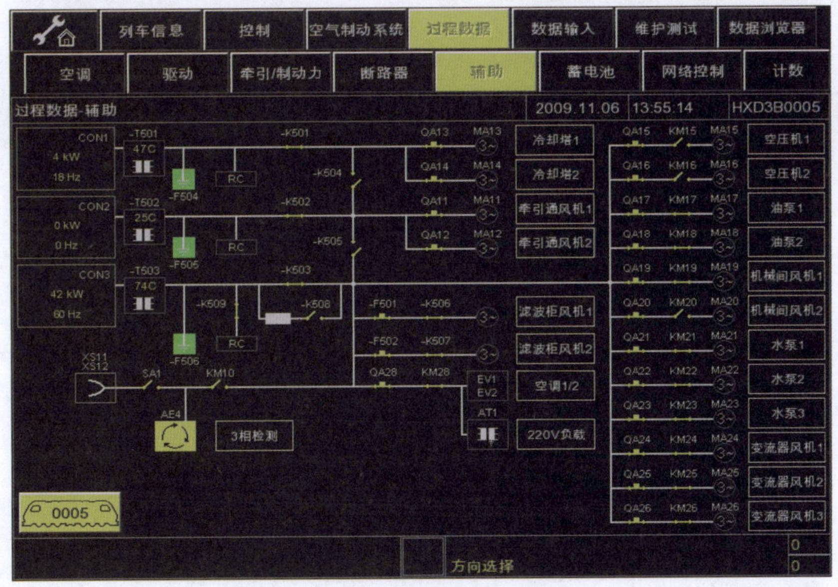

图 3-28　过程数据 - 辅助界面

3.3.13 过程数据 – 蓄电池界面

在主界面上端部依次选择“过程数据”|“蓄电池”，打开过程数据 - 蓄电池界面，如图 3-29 所示。

进入该界面后，可以查询机车 DC 110 V 电源装置充电模块 UR1、UR2 的状态、充电模块的输出电流及蓄电池充电或放电电流。充电模块的标识呈绿色，表示该充电模块处于工作状态；充电模块的标识呈黄色，表示该充电模块处于待机状态；充电模块的标识呈红色，表示该充电模块故障。

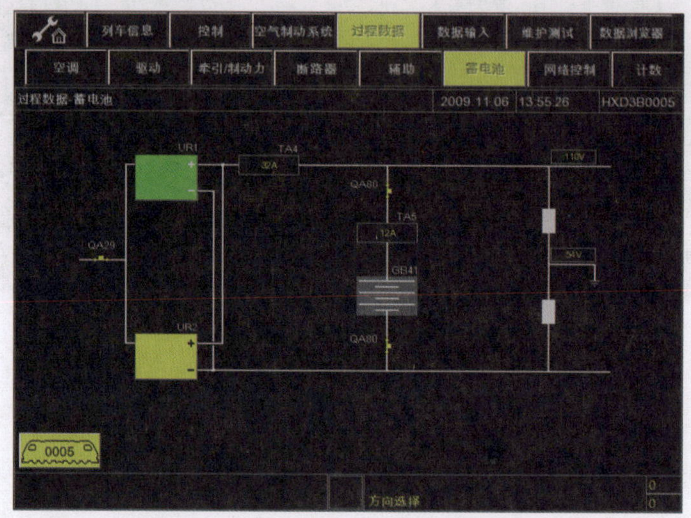

图 3-29　过程数据 - 蓄电池界面

3.3.14 数据输入 – 密码界面

在主界面上端部选择“数据输入”后，激活数据输入软开关，进入如图 3-30 所示的界面并输入密码，才可进入数据输入的下一层界面。

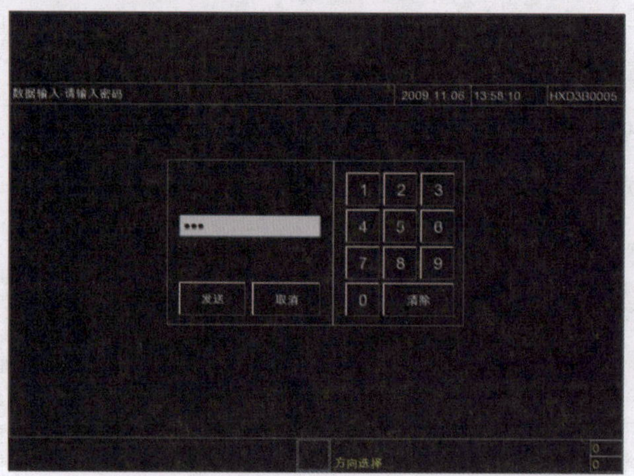

图 3-30　数据输入 - 密码界面

1. 数据输入－其他设置界面

进入该界面可实现以下功能：

① 进入冬季后，可在该界面下激活“机械间风机冬季模式”软开关，使机械间风机由正常模式转入冬季模式运行，即由两个机械间风机同时运行改为只有一个机械间风机运行。

② 当主断路器出现粘连故障被锁定后，可在该界面下激活“主断路器复位”软开关，微机控制系统将控制主断路器在降弓状态下进行闭合、断开的操作，如果试验过程中主断路器的反馈状态正常，主断路器将从粘连状态恢复到正常状态。

③ 变流器由于相同的故障在一定时间内多次出现被锁定后，机车回段检修时可在该界面下激活“清除变流器故障”软开关，使故障变流器被激活。

2. 数据浏览器－无过滤界面

在维护界面模式下进入该界面，维护人员可以对机车近期出现过的故障履历进行查询，包含机车近期曾经出现过但已经排除的故障信息及仍然存在的故障信息。

学习工作单

<table>
<tr><td>任务 3.3</td><td colspan="3">HX_D3B 型电力机车驾驶之微机显示屏操作</td></tr>
<tr><td>学习小组</td><td></td><td>姓名</td><td></td></tr>
<tr><td colspan="4">✧ 学习工作 3.3.1　HX_D3B 型电力机车微机显示屏的布置</td></tr>
<tr><td colspan="4"></td></tr>
<tr><td colspan="4">✧ 学习工作 3.3.2　HX_D3B 型电力机车微机显示屏的操作方法</td></tr>
<tr><td colspan="4"></td></tr>
<tr><td colspan="4">✧ 学习工作 3.3.3　过程数据－断路器界面显示的内容</td></tr>
<tr><td colspan="4"></td></tr>
</table>

（扫描二维码，
学习更多内容）

任务 3.4　HX_D3B 型电力机车驾驶之列车操纵

布置任务

- 掌握 HX_D3B 型电力机车受电弓的控制方法。
- 掌握 HX_D3B 型电力机车主断路器的控制方法。
- 了解 HX_D3B 型电力机车停车位置按钮。

相关资料

3.4.1　受电弓的控制

机车装有两个受电弓（PG1、PG2），分别设置在机车两端。机车正常运行时只升后弓，当其中一个受电弓出现故障时，可以通过高压隔离开关（安装在高压柜中）将其隔离，机车可继续使用另一个受电弓牵引运行。

受电弓通过压缩空气升起，升起 / 降下受电弓的命令由安装在操纵台上的扳键开关给出。受电弓的板键开关设有“升弓”“0”“降弓”3 个位，为自复式扳键开关。

机车升弓有两种控制方式：

① 按升弓扳键开关。

② 直接按主断闭合开关，通过软件控制，保证机车先升弓，待监测到网压后，再闭合主断路器。

在微机显示屏上设置有受电弓预选择开关，通过对高压隔离开关的控制，完成受电弓的预选择，如图 3-31 所示。

在微机显示屏上，受电弓的预选择模式有 5 类，具体如下。

1. 自动选择

表示微机控制系统将自动控制受电弓高压隔离开关 QS1 和 QS2 均处于闭合位；并预选择非操纵端司机室的弓，即后弓。当司机发出升弓指令时，微机控制系统将自动控制后弓升起。机车正常运行时，一般将选择开关置“自动”位。在该选择模式下，如果机车进入停车位置工况，机车将自动升起双弓，直到停车位置工况解除，机车又保持升后弓的状态。

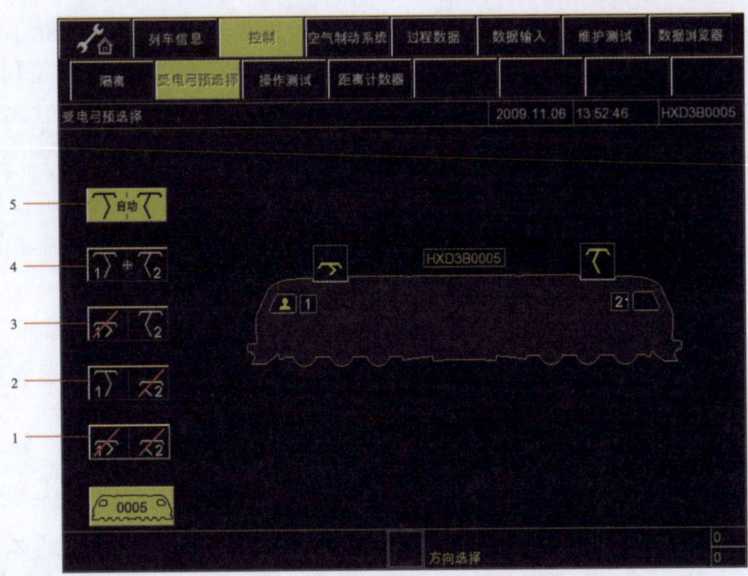

1—PG1、PG2 同时隔离并接地；2—PG1 预选择，PG2 隔离并接地；3—PG2 预选择，PG1 隔离并接地；4—PG1、PG2 同时预选择；5—自动选择。

图 3-31 微机显示屏受电弓图例

2. PG1、PG2 同时预选择

变电弓高压隔离开关 QS1 和 QS2 均处于闭合位，司机发出升弓指令时，PG1、PG2 同时升起，该模式一般用于接触网的除霜。

▶**注意：**通过微机显示屏选择此模式时，需要输入密码。

3. PG2 预选择，PG1 隔离并接地

表示微机控制系统将自动控制受电弓高压隔离开关 QS1 处于隔离位，QS2 处于闭合位，并预选择 PG2。当司机发出升弓指令时，受电弓 PG2 升起。一般在受电弓 PG1 出现故障需要隔离时，选择此模式。

4. PG1 预选择，PG2 隔离并接地

表示微机控制系统将自动控制受电弓高压隔离开关 QS2 处于隔离位，QS1 处于闭合位，并预选择 PG1。当司机发出升弓指令时，受电弓 PG1 升起。一般在受电弓 PG2 出现故障需要隔离时，选择此模式。

5. PG1、PG2 同时隔离并接地

表示微机控制系统将自动控制受电弓高压隔离开关 QS1 和 QS2 处于隔离位，即使司机发出升弓指令，两个受电弓也不会升起。一般在机车进行静态试验，需要确认高压隔离开关动作正常与否及多机重联时，有可 能选择此模式。

3.4.2 主断路器的控制

手动断开主断路器有两种方式：

① 将主断路器扳键开关置断开位。

② 将受电弓扳键开关置断开位，通过微机控制，保证机车先断主断路器，再降弓。

机车设有主断路器粘连识别功能，即在主断路器闭合条件下，如果控制系统已发出断开主断路器的命令，但是持续一定时间（3 s）后主断路器仍处于闭合状态，控制系统将判断主断路器发生粘连并立即执行降弓命令，相应的诊断信息如变流器停止运行、主断路器断开和受电弓降下等信息将会产生。

为了保护变流器预充电电阻，机车控制系统设置了 15 min 内主断路器可最多 3 次分断的保护功能（主断路器分断后，变流器中间电压降低到 1 480 V 以下计分断一次，如果中间电压降到 1 480 V 前闭合主断路器，该次分断不计数）。当在限制时间内第三次分断主断路器，再次将其闭合后，变流器无输出，直到限制时间失效为止，微机显示屏右下角将弹出“变流器预充电电阻过热，等待 × 分钟”的提示信息。

3.4.3 停车位置按钮

为了方便机车换端操纵及机车在非操纵模式下能保证制冷、加热、通风、制动及控制系统的正常运行，机车设置了停车位置功能。

当机车处于静止状态、受电弓升起、主断路器闭合、司机控制器位于“0”位时，按下停车位置按钮 SB55（SB56），机车将进入停车位置工况。

当机车进入停车位置工况时，机车自动实施停放制动。

当停车位置按钮按下时，停车位置指示灯（白色）HL41（HL42）开始闪烁；当机车实施停放制动后该指示灯持续亮，表示机车进入了停车位置工况。

如果机车不能进入停车位置工况，微机显示屏将显示故障原因，停车位置指示灯闪烁 10 s。

当机车处于停车位置工况时，机车前后受电弓都升起，机车钥匙可以拔出，但机车各系统仍然处于工作状态，此时司机可进行换端操作。

当机车钥匙位于“2”位时，再次按下停车位置按钮，机车将退出停车位置工况，同时停车位置指示灯熄灭。

司机到达另一端司机室后，插入机车钥匙，旋转到“2”位，按下停车位置按钮，机车退出停车位置工况，但机车仍处于“停放制动”状态，需要手动缓解。

若机车钥匙位于“0”位超过 3 min，机车将自动退出停车位置工况，机车控制系统同时自动断开主断路器，降下受电弓，然后切断控制系统电源。

3.4.4 定速模式

司机按下定速按钮，机车进入定速模式，此时机车的实际速度就是机车定速控制下的目标设定速度。进入定速模式后，可以通过微机显示屏上的“+”“-”按钮增大或减小设定速度，如图 3-32 所示。

由于采用加速度方式进行定速模式控制，因此机车在平直道上无论是重车、轻车还是单机，均可实现平稳运行；但是在坡道上运行时，机车在重车模式下最好不要使用定速模式控制，由于牵引、制动转换频繁存在断钩的风险。

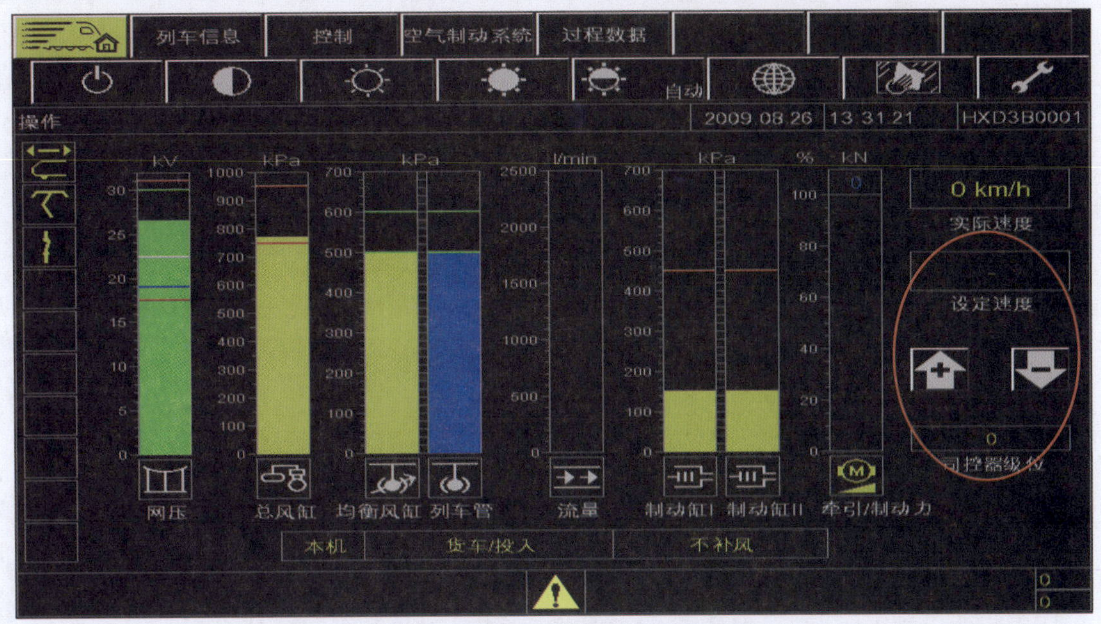

图 3-32　微机显示屏上的设定速度按钮

3.4.5　应急灯的设置

在每个司机室都设置有一个应急灯及其控制按钮，机械间走廊设置有 4 个应急灯。当司机夜间上下车时，按下应急灯控制按钮（50 ms 以上），应急灯可持续亮 5 min，以方便司乘人员上下车，完成相关工作。

应急灯电源与机车正常供电时的直流负载支路互为独立，需要单独从蓄电池经过一个独立的双极自动开关引出，因为该支路在司机离开机车时并不断开，但正常的直流负载回路需要断开。

3.4.6　警惕控制功能

警惕控制功能可以确保机车运行时，如果司机出现打瞌睡、离岗或紧急伤病等丧失操控能力时，主动实施制动停车，保证行车安全。

当机车速度超过 3 km/h 时，警惕控制功能开始投入工作。此时，司机应在规定时间（60 s）内按动一次警惕按钮或脚踏警惕开关，以复位警惕控制功能。此外，按动操纵端司机室的风笛按钮、风笛脚踏开关、撒砂开关或改变司机控制器的级位也能复位警惕控制功能。

如果在规定时间内，司机无相应的复位操作，将发出声光报警，10 s 后施加惩罚制动。在机车实施惩罚制动前，司机均可复位警惕控制功能。

机车因警惕控制动作而实施惩罚制动后，微机显示屏将进行提示，同时机车控制系统记录相关信息。警惕控制功能可以通过微机显示屏进行隔离（如图 3-33 所示），但是需要输入密码。

▶注意：机车操纵人员不得擅自切除警惕控制功能。

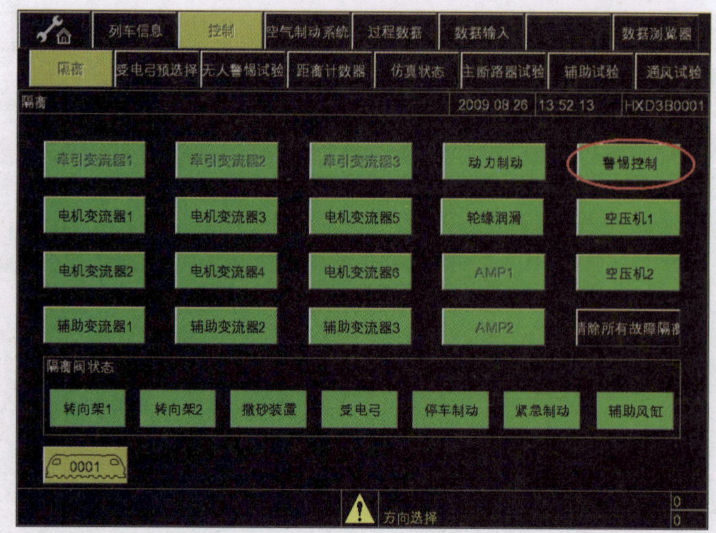

图 3-33　警惕控制功能

3.4.7　机车 DC 110 V 电源

机车设有两组功率等级为 11 kW 的高频电源模块 U71 和 U72，按累计工作的时间交替进行蓄电池充电和机车直流负载的供电。

充电模块的输入电源采用两种供电方式：

① 机车在网下正常运行时，由辅助电源提供定频定压的 AC 460 V/60 Hz 三相交流电源。

② 机车在库内进行 DC 110 V 电源充电时，由库用电源提供 AC 380 V/50 Hz 的三相交流电源。

3.4.8　动力制动控制

操作机车自阀手柄（大闸）时，机车也可以产生电制动力。将自阀手柄打至制动区时，制动控制单元 IPM 根据级位计算空气制动力，然后传送给 VCU，由 VCU 计算相应的电制动力。

当司机控制器的调速手柄和自阀手柄都处于制动区时，机车将实施的电制动力为两者所对应制动力的最大值。通过微机显示屏上设置的电制动隔离软开关，可以隔离电制动功能。

当电制动被隔离后，操作自阀手柄至制动区时，机车将产生纯空气制动力。若此时恢复电制动，自阀手柄产生的空气制动力将被切除，重新产生相应的电制动力。

3.4.9　高压联锁

为了保证机车操作人员及检修人员的安全，机车设有高压联锁功能。在 TCMS 柜侧面设有高压联锁钥匙箱，如图 3-34 所示。机车共设有蓝、黄、绿、黑、白五种颜色钥匙，正常行车时钥匙箱处只有绿、白两种钥匙。

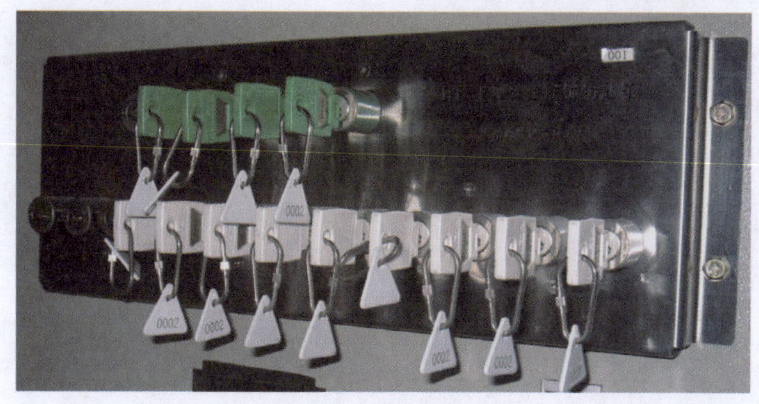

图 3-34　高压联锁钥匙箱

蓝色钥匙设置在空气管路柜处（如图 3-35 所示），用于开启受电弓的升弓气路；黄色钥匙设置在高压柜接地开关处，如图 3-36 所示；黑色钥匙设置在变流器接地开关处，如图 3-37 所示。

图 3-35　蓝色钥匙

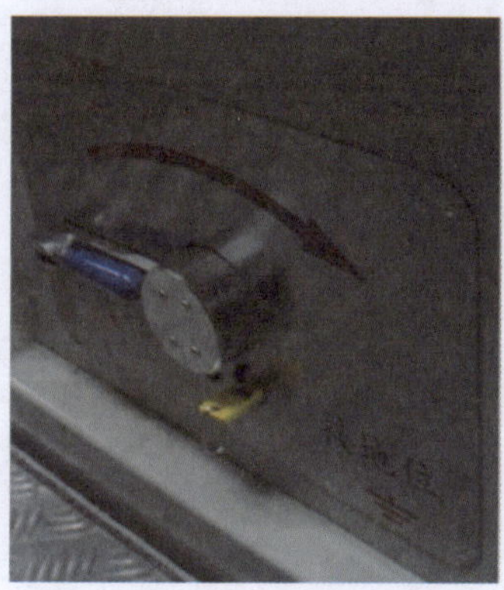

图 3-36　黄色钥匙

图 3-37　黑色钥匙

3.4.10　过分相

机车可以采用三种方式通过分相区：全自动方式、半自动方式和手动方式。

1. 全自动方式

运行线路的分相区段安装有自动过分相装置的信号感应装置，才能以此方式通过分相区。通过检测地面埋设的信号来判断分相区的位置，并将处理后的信号传送给列车控制与管理系统 TCMS，由 TCMS 分别完成机车过分相区前的牵引 / 制动力自动降为零及分主断，并控制机车通过分相区后的自动合主断及恢复机车过分相前的运行状态。

2. 半自动方式

当机车接近分相区时，按下过分相按钮 SB51（SB52），机车控制系统自动将牵引 / 制动力降至零，然后分断主断路器，机车受电弓滑过接触网。机车通过分相区后，一旦机车控制系统重新检测到网压，将自行闭合主断路器，起动辅助变流器、主变流器，恢复机车过分相区前的运行状态。

3. 手动方式

当机车接近分相区时，司机手动执行卸载、分断主断路器的操作。待机车通过分相区后，手动闭合主断路器，完成加载等操作。

学习工作单

<table>
<tr><td>任务 3.4</td><td colspan="3">HX_D3B 型电力机车驾驶之列车操纵</td></tr>
<tr><td>学习小组</td><td></td><td>姓名</td><td></td></tr>
<tr><td colspan="4">✧ 学习工作 3.4.1　HX_D3B 型电力机车受电弓的控制</td></tr>
<tr><td colspan="4"></td></tr>
<tr><td colspan="4">✧ 学习工作 3.4.2　HX_D3B 型电力机车主断路器的控制</td></tr>
<tr><td colspan="4"></td></tr>
<tr><td colspan="4">✧ 学习工作 3.4.3　HX_D3B 型电力机车停车位置按钮的使用</td></tr>
<tr><td colspan="4"></td></tr>
</table>

任务 3.5 HX_D3B 型电力机车应急故障处理

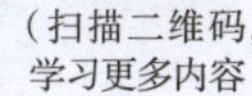
（扫描二维码，学习更多内容）

布置任务

- 了解 HX_D3B 型电力机车受电弓升不起来的故障处理方法。
- 了解 HX_D3B 型电力机车主断路器的控制方法。
- 认识 HX_D3B 型电力机车无火回送操作方法。

相关资料

3.5.1 受电弓升不起来

故障现象：闭合电钥匙，列车控制与管理系统 TCMS 启动后，将受电弓扳键开关 SB41（SB42）置于升位一次，受电弓无法升起。

检查处理办法：

① 观察升弓风缸压力，如果不足 600 kPa，TCMS 将自动启动辅助压缩机（可听到机械间内辅助压缩机工作的声音）向辅助风缸充风，待风压满足要求后，受电弓自动升起。

② 如果升弓风缸压力达到 600 kPa，则按微机显示屏提示操作。检查“受电弓预选择”模式，如果设置为两个受电弓同时隔离模式，则将其恢复为“自动”或指定一个受电弓。

▶注意：总风缸隔离塞门 A10 关闭后，总风在 450 kPa 以下时辅助风泵能自动泵风升弓。

③ 检查升弓钥匙塞门 U99（蓝色钥匙），应在竖向开通位置；总风塞门 A24（黄色钥匙）在开放位，如图 3-38 所示。注意：总风塞门 A24 关闭后，不能自动升弓，而且总风、制动缸压力将降为 0；微机显示屏提示：总风压力开关 A72、A74、A75 粘连。开放总风塞门 A24 后，须断开蓄电池开关 QA80、QA81 1min，重启后故障现象才能消失。

④ 检查升弓模块塞门 U43.13（黑色风路塞门），应在水平开通位置，如图 3-39 所示。

⑤ 检查两端升弓塞门 U98（红色），应在竖向开通位置，如图 3-40、图 3-41 所示。

图 3-38　升弓钥匙塞门 U99 及总风塞门 A24

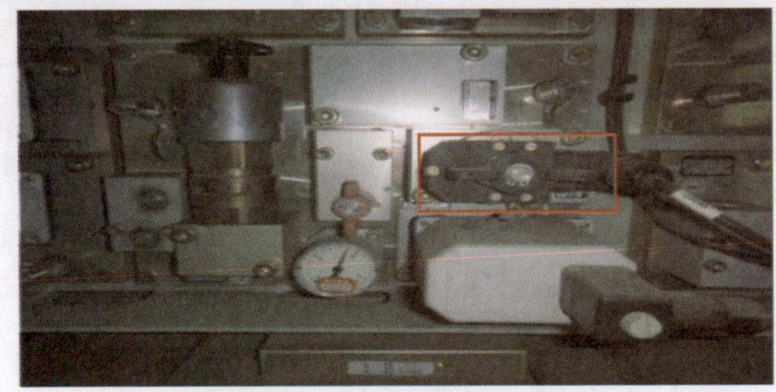

图 3-39　升弓模块塞门 U43.13

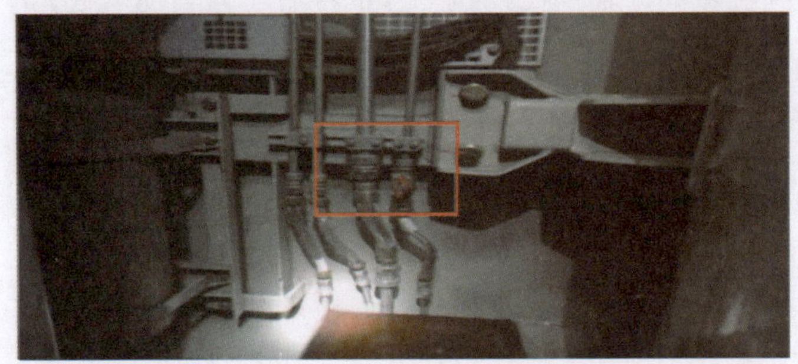

图 3-40　受电弓 1 升弓风路塞门

图 3-41　受电弓 2 升弓风路塞门

⑥ 检查高压柜内受电弓高压隔离开关，应在闭合位，且与 TCMS 预选择受电弓模式一致。如果位置不一致（因受电弓高压隔离开关为电空控制方式，风压低时不能动作），微机显示屏上将有高压隔离开关粘连提示，此时可通过 TCMS 改变受电弓预选择项，选择与受电弓高压隔离开关位置一致的受电弓后，再次升弓。

⑦ 检查两端司机室紧急停车按钮（如图 3-42 所示）是否被按下，若被按下则将其恢复为正常位（旋转复位）。

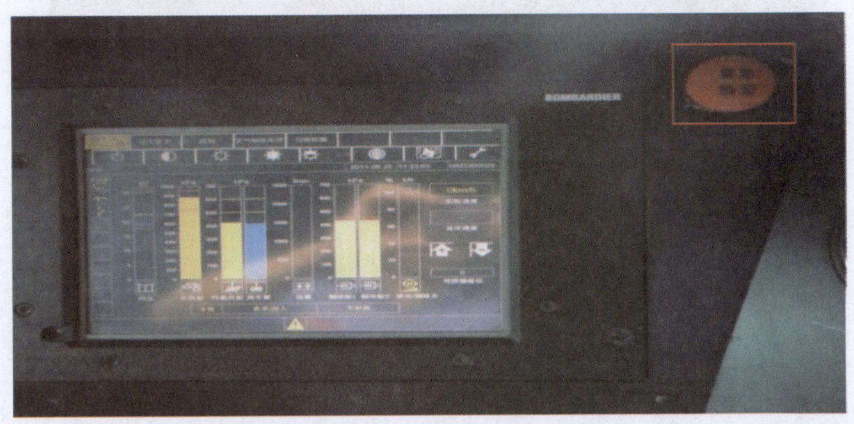

图 3-42 紧急停车按钮

⑧ 当操纵端升弓无效时，可去非操纵端（选择自动模式）升弓、合主断路器，然后使用停车位置按钮更换操纵端，如图 3-43 所示。

图 3-43 停车位置按钮

⑨ 在微机显示屏上端部依次选择“数据浏览器”|“活动”，打开数据浏览器 - 活动界面，如图 3-44 所示。如果活动数据里面报某个牵引变流器故障，则需要手动隔离相应的牵引变流器。

▶ 注意：该故障不处理，无法满足机车 VCU 控制的升弓条件，受电弓将不能正常升起。

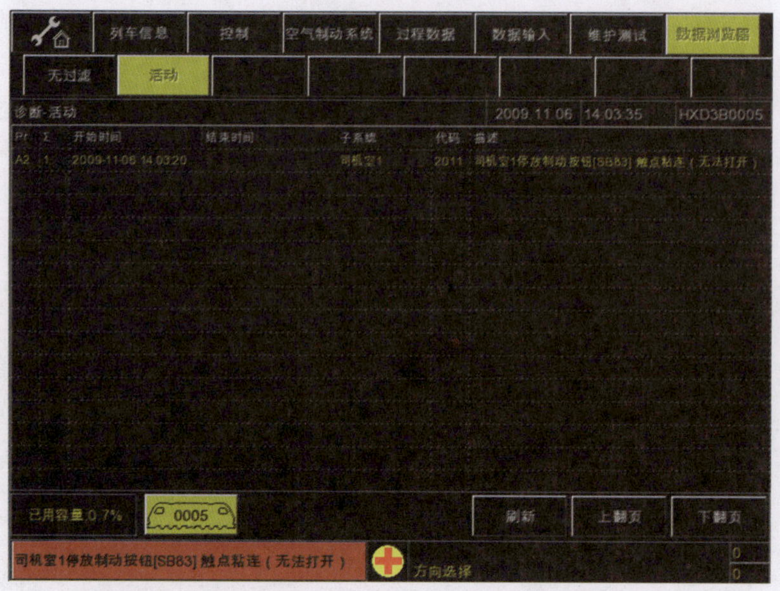

图 3-44　数据浏览器 - 活动界面

⑩ 如果以上处理无效，则断开蓄电池开关 QA80（如图 3-45 所示）或 QA81，1 min 后再将其闭合。若仍然无效，则寻求救援。

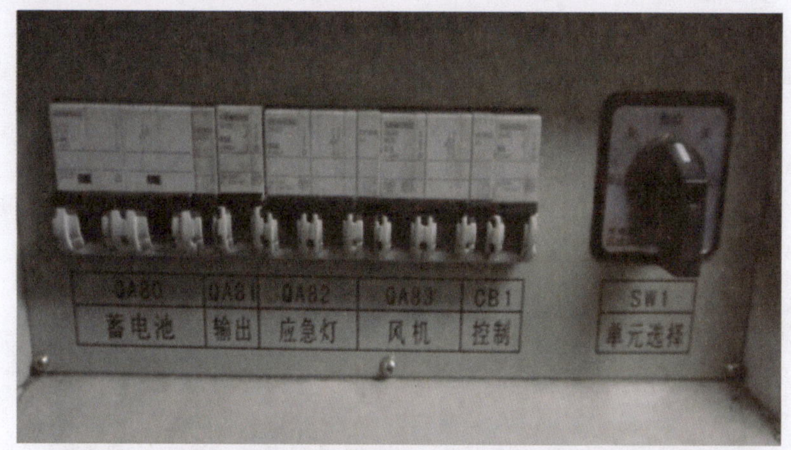

图 3-45　蓄电池开关 QA80

注意事项：

① 升弓前，必须确认微机显示屏已启动完成，方可闭合升弓扳键。

② 运行中需要紧急降弓时，采用断蓝色钥匙、断电钥匙（产生惩罚制动）或按紧急制动按钮（产生紧急制动）的方法。

③ 运行中发生突然降弓事故需要紧急升弓时，可参考第⑦、⑨条。

3.5.2　主断路器合不上

故障现象：微机显示屏显示“主断分”，“主断”灯常亮。

检查处理办法：

① 确认受电弓升起，司机控制器主手柄在“0”位，重新闭合主断扳键。

② 到制动柜检查辅助风缸压力是否达到 600 kPa 以上，如图 3-46 所示。若压力不足则应等待辅助压缩机将压力升到 600 kPa 以上。

③ 检查主断风路塞门 U43.14，应在开通位（竖向开通），如图 3-47 所示。

图 3-46　查辅助风缸压力

图 3-47　主断风路塞门 U43.14

④ 检查网压是否正常，无网压时检查原边电压开关 QA1、QA2、QA3（如图 3-48 所示）是否闭合，如果断开，则微机显示屏提示原边电压自动开关 QA1、QA2、QA3 断开，此时能升弓但无网压，主断路器不能闭合，须人为将其闭合。如果 QA1、QA2、QA3 正常则说明接触网无电，应降弓并与车站联系。

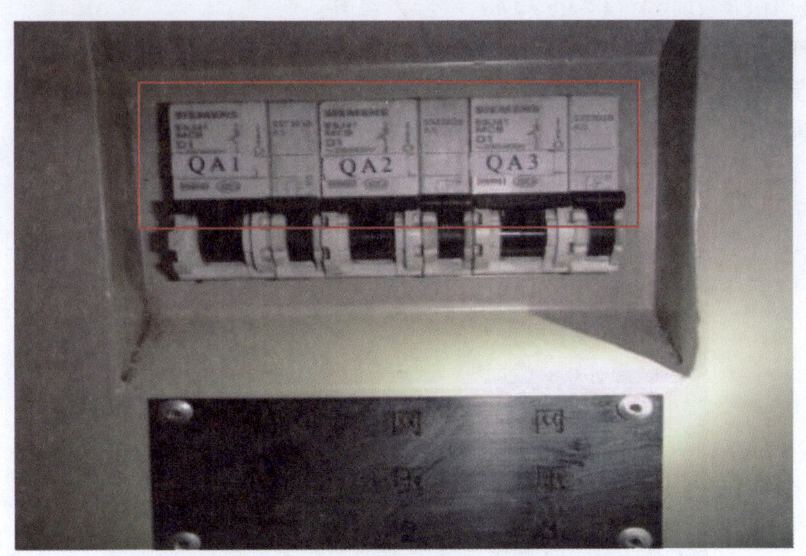

图 3-48　原边电压开关 QA1、QA2、QA3

⑤ 如果以上处理无效，应断开蓄电池开关 QA80、QA81，1 min 后再闭合。如果仍无效，则应寻求救援。

3.5.3 提手柄无牵引力输出

故障现象：

机车无法正常加载。

检查处理方法：

① 如果原因是弹停未缓解，则按压操纵台上的绿色停放缓解按钮，缓解弹停制动，如图 3-49 所示。

图 3-49 停放缓解按钮

② 当产生惩罚制动或紧急制动时，按微机显示屏的提示信息进行处理。当监控装置卸载或排风时，按监控装置相关办法处理。

③ 当总风缸压力低于 600 kPa 时，闭合风泵开关打风。

④ 检查网压是否正常，如果网压不正常则换用另一受电弓。如果换受电弓后仍不正常，则通知供电部门，如果故障时处于停车状态，可降弓等待；如果在运行中则视情况处理。

⑤ 在控制 - 隔离界面查看变流器及牵引电机是否被人为隔离（如图 3-50 所示），如果无故障则可将其恢复。

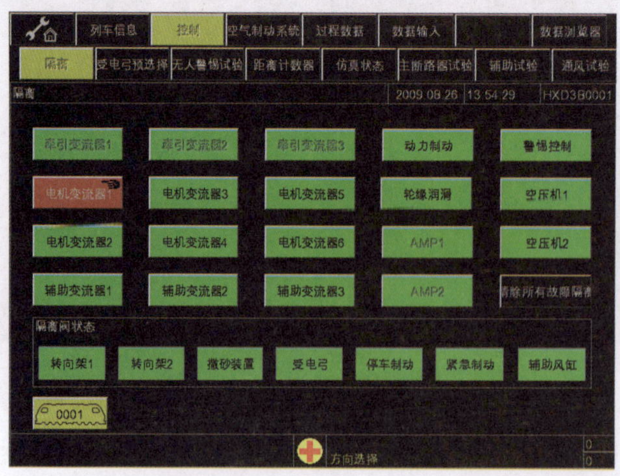

图 3-50 控制 - 隔离界面

⑥ 如果辅机不工作，则在过程数据 - 辅助界面查看 K501、K502、K503 是否闭合。如果有一个未闭合，可以在控制 - 隔离界面手动隔离相应的辅助变流器，如图 3-51 所示。

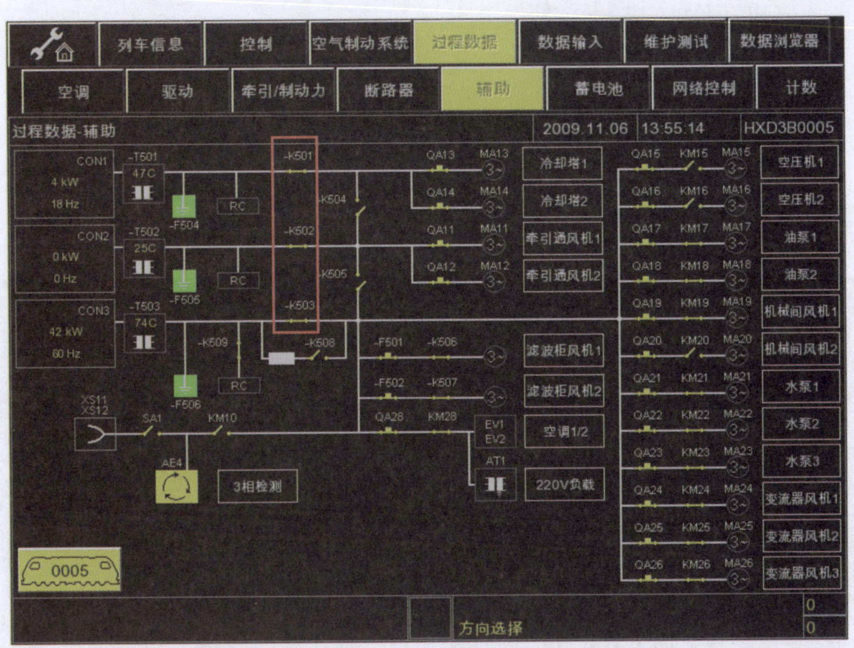

图 3-51 查看 K501、K502、K503 是否闭合

⑦ 在过程数据 - 驱动界面查看三个变流器的中间直流电压，对中间直流电压无升高的变流器进行手动隔离，如图 3-52 所示。

列车信息 | 控制 | 空气制动系统 | 过程数据 | 数据输入 | 维护测试 | 数据浏览器

空调 | 驱动 | 牵引/制动力 | 断路器 | 辅助 | 蓄电池 | 网络控制 | 计数

驱动 2009.11.06 13:54:44 HXD3B0005

原边网压[V]:	25295	变压器顶层油温[°C]:	50	设定速度[km/h]:	-
原边电流[A]:	19	变压器出口1油温[°C]:	49	实际速度[km/h]:	0
原边功率[kW]:	104	变压器出口2油温[°C]:	47	VCU顺序控制veh. 1:	7500

	变流器1	变流器2	变流器3
DCU仿真模式：	0	0	0
DCU顺序控制	48002	40000	48002
中间直流电压[V]:	2501	2290	2499
冷却液压力[kPa]:	161	149	179
冷却液温度[°C]:	25	23	23

	列车	机车纵览	1轴	2轴	3轴	4轴	5轴	6轴
牵引/制动力设定值[kN]:	0	0	0	0	0	0	0	0
牵引/制动力实际值[kN]:	0	0	0	0	0	0	0	0
电机温度[°C]:			18	19	19	21	20	20
轴速度[km/h]:			0	0	0	0	0	0

0005 方向选择

图 3-52 查看变流器的中间直流电压

⑧ 如果以上处理无效，则断开蓄电池开关 QA80、QA81，1 min 后再闭合。

3.5.4 空压机不工作

故障现象：风压低于 680 kPa 时空压机不工作。

处理办法：

① 运行中，将操纵台上的风泵扳键扳至强泵位。

② 在过程数据 - 辅助界面查看风泵脱扣开关 QA15、QA16 是否断开（如图 3-53 所示），如果断开则微机显示屏提示空压机自动开关 QA15、QA16 故障，需要断开主断路器，到辅助配电柜恢复断开的脱扣开关。

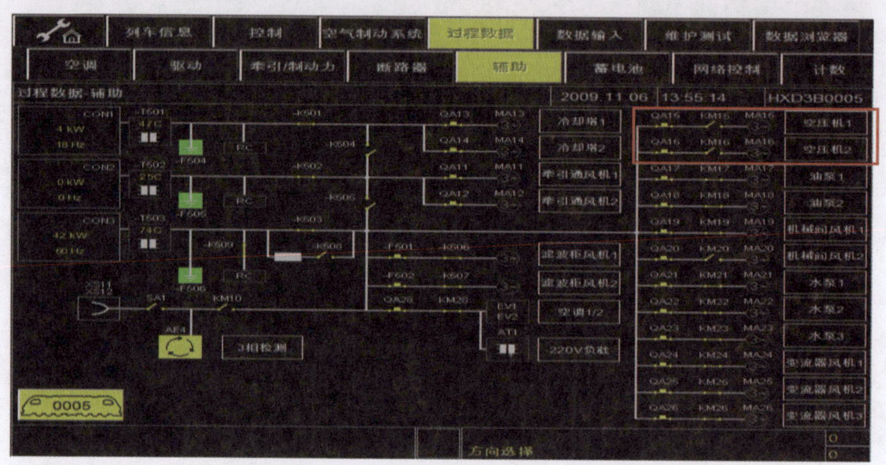

图 3-53 查看 QA15、QA16 是否断开

③ 在过程数据 - 辅助界面查看风泵接触器 KM15 或 KM16 的闭合状态（如图 3-53 所示）如果都未闭合，在过程数据 - 驱动界面（如图 3-54 所示）查看变流器的中间直流电压，如果某个变流器的中间直流电压无升高，则在控制 - 隔离界面将相应的变流器手动隔离。在微机上可自动切换到另一台空压机工作。

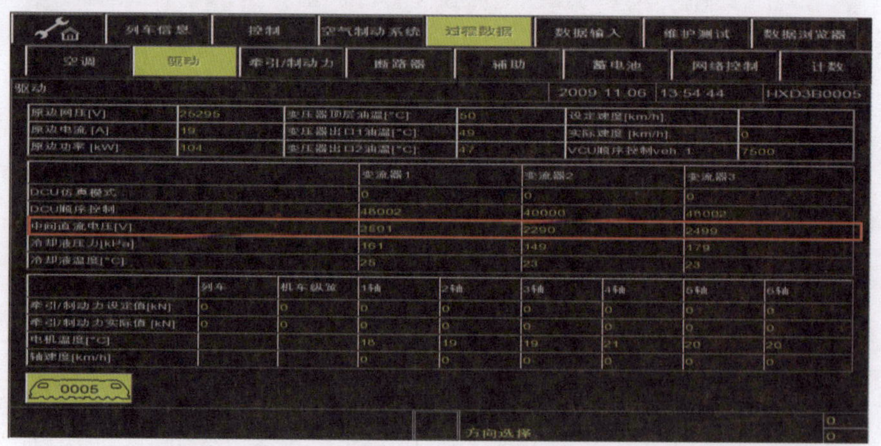

图 3-54 查看变流器的中间直流电压

▶ 注意：闭合 KM15、KM16 时，必须在主断路器断开的情况下进行。须先向下压扳手柄，再向上合，如图 3-55 所示。

如果一台空压机故障，可断开该空压机的脱扣开关，使用另一台空压机维持运行。（注意：手动隔离空压机 1、2 时，微机无故障提示。）

图 3-55　风泵接触器 KM15、KM16

3.5.5　停放制动故障（弹停故障）

1. 故障 1

故障现象：

弹停装置红灯亮，弹停闸片不缓解。

检查处理办法：

① 在微机显示屏上确认弹停装置是否缓解，未缓解时按下绿色停放缓解按钮。

② 将制动柜中的弹停模块脉动阀上左侧的红色柱塞向右推进至缓解位，如图 3-56 所示。

图 3-56　弹停模块脉动阀

③ 如果上述处理无效，则先关闭制动柜上的弹停截断塞门 B40.06（黄色开关，竖向位置关闭），再将制动缸压力缓解到 0 并保持（先缓解至 0，再关闭 A24），最后到车下手动缓解（右 1、3 轮，左 4、6 轮）弹停制动，如图 3-57 所示。

▶ 注意：产生紧急制动后，需要再次下车确认闸片的缓解状态。

2. 故障 2

故障现象：某个单元制动器自动上弹停，如弹停风缸软管破损漏风。

检查处理方法：

关闭弹停风缸塞门 B40.06，手动缓解 4 个弹停风缸。

图 3-57　手动缓解（右 1、3 轮和左 4、6 轮）弹停制动

▶ 注意：产生紧急制动后，需要再次下车确认闸片与制动盘的缓解状态。

3.5.6 DC 110 V 电源装置不工作

故障现象：机车控制电压低、充电单元模块不工作或蓄电池电压低。

检查处理办法：

① 在过程数据 - 蓄电池界面查看 QA29 脱扣开关是否跳开（如图 3-58 所示），跳开时为红色。如果跳开，则需要去辅助配电柜将其恢复，如图 3-59 所示。

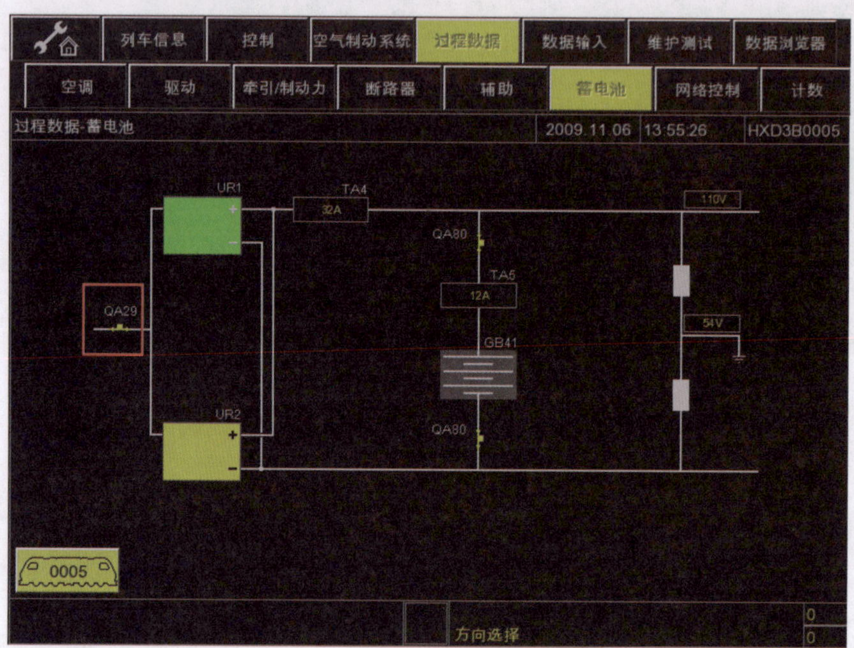

图 3-58　检查 QA29 是否跳开

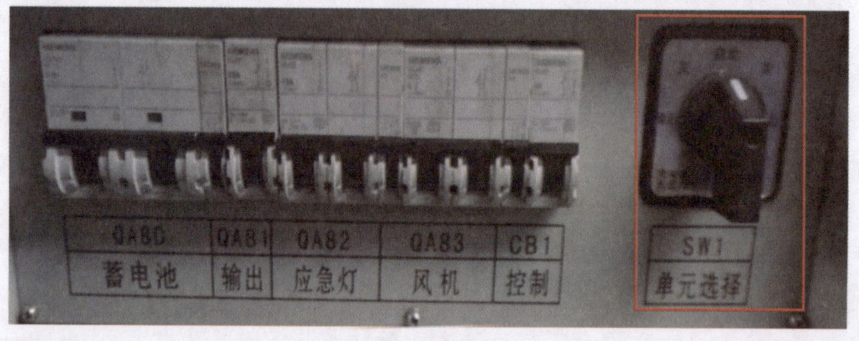

图 3-59　辅助配电柜

② 在过程数据 - 蓄电池界面查看 UR1（或 UR2）单元模块是否故障，故障后为红色。如果单元模块故障，可将单元选择开关由自动选择改为选择单元 2（或单元 1）并等待 1 min，如图 3-60 所示。

③ 维持运行到前方站停车后，断开蓄电池开关 QA80、QA81 及 CB1 1 min 后重新闭合，观察控制电压显示，如图 3-61 所示。

图 3-60 KA29 单元选择开关

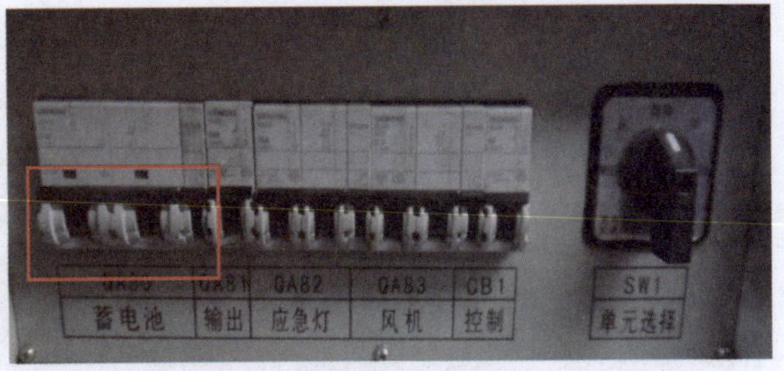

图 3-61 蓄电池开关 QA80、QA81

3.5.7 牵引变流器故障伴有 AMP 故障

故障现象：牵引变流器 1 或牵引变流器 2 自动隔离，同时 AMP1 或 AMP2 自动隔离，受电弓升不起，主断路器合不上。

检查处理办法：

① 在控制 - 隔离界面手动隔离故障的牵引变流器和 AMP1（或 AMP2），然后手动将其恢复。

② 如果无效则在控制 - 隔离界面手动隔离故障的牵引变流器和 AMP1（或 AMP2），断开牵引变流器相对应的脱扣开关 QA53（变流器 1，如图 3-62 所示）、QA65（变流器 2，如图 3-63 所示）后维持运行。

图 3-62 QA53

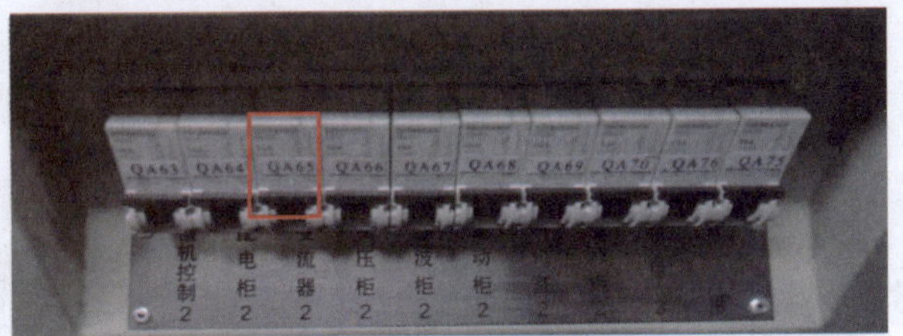

图 3-63 QA65

③ 如果在运行途中发现电机故障，可以在微机显示屏上对故障电机进行手动隔离，不影响其他电机运行。如果辅助滤波柜内遇到控制接触器 K501、K502、K503 故障或者辅助滤波柜三组变压器无输出故障，可以在微机显示屏上手动隔离相应的辅助变流器，无须隔离整个变流柜，这样可让 6 个电机全部处于运行状态，在天气不良时可减少机车空转现象。

a）机车运用中如果出现变流器和 AMP 通信丢失，可在条件允许时关闭机车钥匙进行重起恢复，待机车回段后进行维护。

b）机车运用中如果出现变流器隔离，应立即对变流器进行手动隔离，然后闭合主断路器，维持运行，不必进行微机重启操作，以缩短处理时间，减小对运输秩序的影响。

c）清除变流器故障时，可进入数据输入 - 其它设置界面清除变流器故障（如图 3-64 所示）；也可以进入控制 - 隔离界面将被隔离的变流器进行手动恢复，或者直接点按右下角的“清除所有故障隔离”按钮也可清除变流器故障。

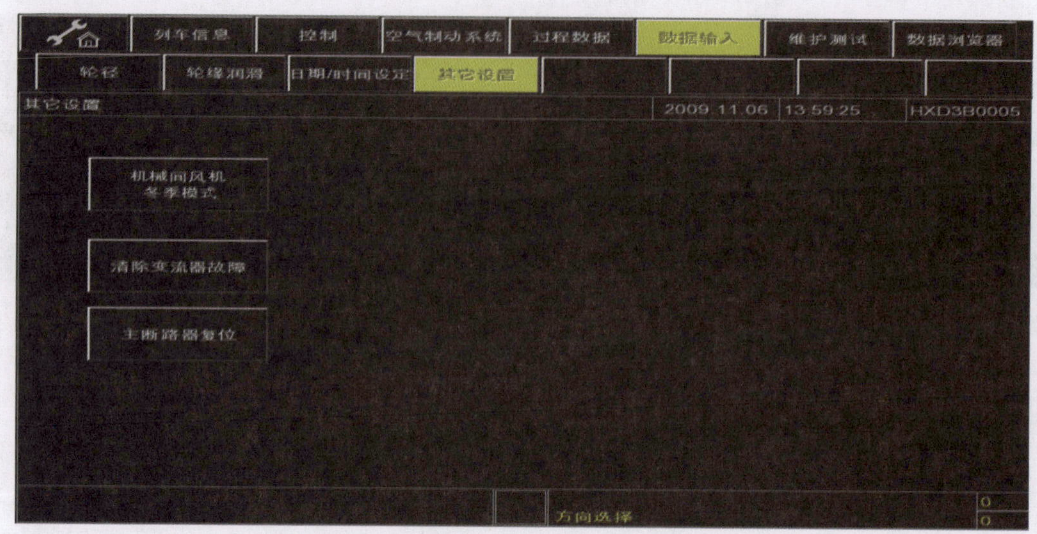

图 3-64　清除变流器故障

3.5.8　主变压器油泵不工作

故障现象：微机显示屏提示油泵非运用状态。

检查处理办法：

① 点按微机显示屏中的红色故障提示，并确认，故障提示消失，继续运行。

② 在过程数据－断路器界面查看油泵脱扣开关 QA17、QA18 的状态，如图 3-65 所示，红色表示脱扣开关跳开。如果有脱扣开关跳开，则断开主断路器，恢复脱扣开关，如图 3-66 所示。

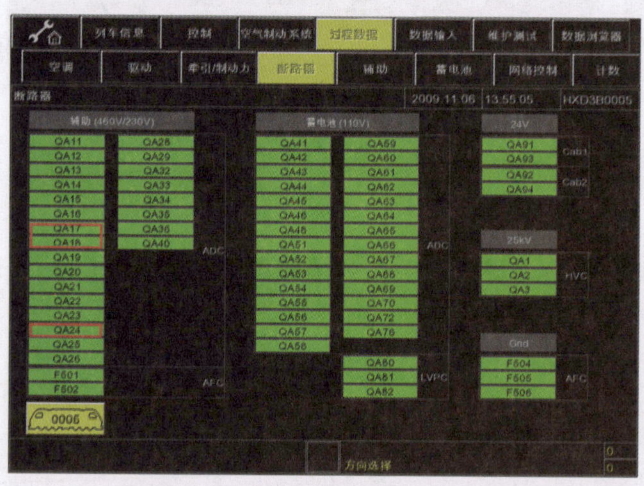

图 3-65　检查 QA17、QA18 的状态

图 3-66　QA17、QA18 脱扣开关

③ 如果不能恢复，则维持运行，待脱扣开关温度降下后重新将其闭合。

④ 在牵引力允许的情况下，可维持运行，到车站停车后检查车下两侧油流继电器接线是否松动，如图 3-67 所示。

3.5.9 主变压器油温高

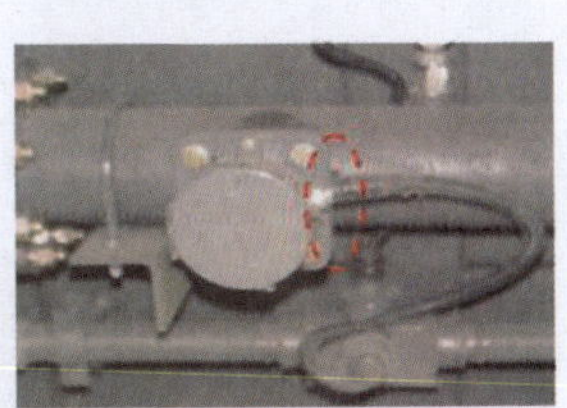
图 3-67 检查油流继电器接线

故障现象：

① 微机显示屏提示主变压器 TM1 过热临界。

② 微机显示屏提示主变压器 TM1 过热危险，跳主断。

检查处理办法：

① 在过程数据－驱动界面查看变压器油温是否接近 90℃，如图 3-68 所示。到第二冷却塔查看变压器油位。如果主变压器顶层、出口 1 和出口 2 油温值中某一个点位的温度值超高（90℃以上），同时其他点位的温度值正常，可判断为假超温，可以正常运用机车。当发现主变压器顶层油温与出口 1（或出口 2）温度差大于或等于 8℃时，可判断为传感器作用不良，回段提票处理。

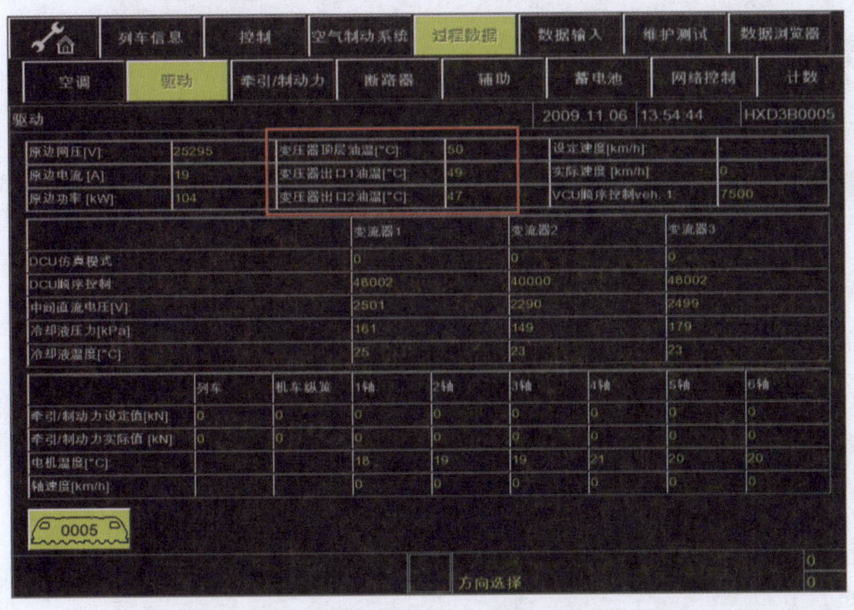

图 3-68 检查变压器油温

② 当确实超温时，可强迫冷却塔工作在全负荷状态，具体方法为：在维护测试－通风试验界面选择冷却塔通风，按“+”号把冷却塔通风加至最高级位 3 级，每 20 min 重复一次。机车在段内出入房或者在站间待避期间，将强迫冷却塔工作在全负荷状态。如果选择“冷却塔夏季工作模式”，冷却塔风机将高转速工作，退出此模式，机车将按常规温度控制方式调节冷却塔风机的转速。

3.5.10 变流器冷却液压力低或高，变流器水泵不工作

1. 故障 1

故障现象：变流器冷却液压力低。

检查处理办法：

① 在过程数据－驱动界面查看冷却液压力，如图 3-69 所示，压力低时显示“–”。

列车信息	控制	空气制动系统	过程数据	数据输入	维护测试	数据浏览器	
空调	驱动	牵引/制动力	断路器	辅助	蓄电池	网络控制	计数

驱动　2009.11.06　13:54:44　HXD3B0005

原边网压[V]:	25295	变压器顶层油温[°C]:	50	设定速度[km/h]:	-
原边电流 [A]:	19	变压器出口1油温[°C]:	49	实际速度 [km/h]:	0
原边功率 [kW]:	104	变压器出口2油温[°C]:	47	VCU顺序控制veh. 1:	7500

	变流器1	变流器2	变流器3
DCU仿真模式:	0	0	0
DCU顺序控制:	48002	40000	48002
中间直流电压[V]:	2501	2290	2499
冷却液压力[kPa]:	161	149	179
冷却液温度[°C]:	25	23	23

	列车	机车纵览	1轴	2轴	3轴	4轴	5轴	6轴
牵引/制动力设定值[kN]:	0	0	0	0	0	0	0	0
牵引/制动力实际值 [kN]:	0	0	0	0	0	0	0	0
电机温度[°C]:			18	19	19	21	20	20
轴速度[km/h]:			0	0	0	0	0	0

0005　方向选择　0　0

图 3-69　查看冷却液压力

② 在过程数据－断路器界面查看变流器水泵脱扣开关 QA21、QA22、QA23 是否跳开（如图 3-70 所示）。如果跳开则断开主断路器，去辅助配电柜恢复脱扣开关，如图 3-71 所示。

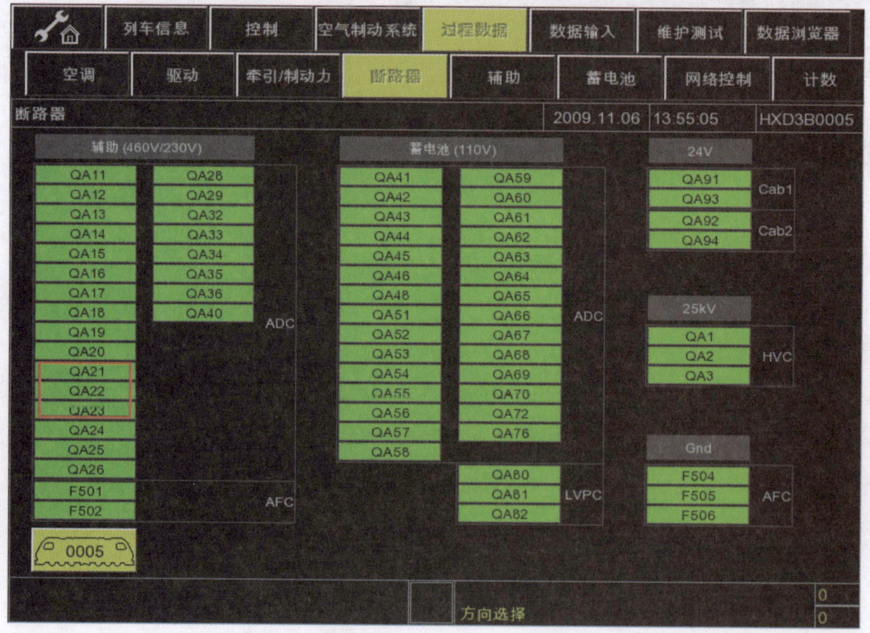

图 3-70　查看 QA21、QA22、QA23 的状态

图 3-71 辅助配电柜脱扣开关

③ 到机械间检查相对应的变流器冷却液水位（膨胀箱塑料管中绿色指示器在 MAX ~ MIN 之间为正常水位），如果管漏则对其进行捆扎处理，同时确认膨胀水箱盖是否处于紧固状态，如图 3-72 所示。

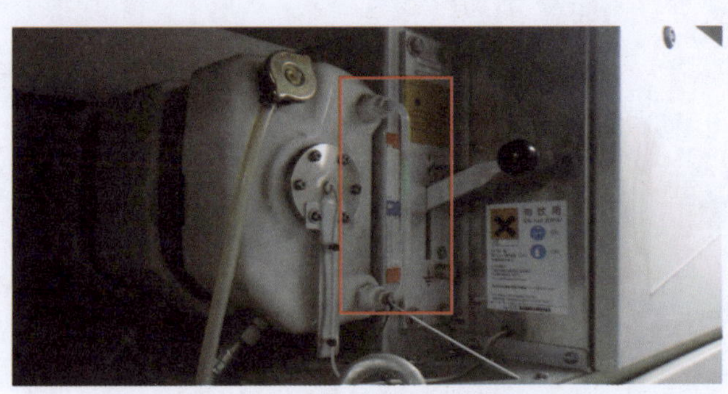

图 3-72 检查变流器冷却液水位

④ 如果处理无效，则断开主断路器，手动隔离相对应的牵引变流器，维持运行。

2. 故障 2

故障现象：变流器冷却液压力高。

检查处理方法：

当微机显示屏提示“变流器冷却液压力高”时，进入机械间走廊，找到相应故障变流器左上方白色塑料“膨胀水箱”左上方的水箱盖，将水箱盖缓慢旋转开（边旋转边倾听有无排气声，同时注意防止排气管排出的气体溅到身体），当没有排气声时，再旋紧水箱盖。

3.5.11 微处理器 IPM 通信丢失

故障现象：IPM 通信丢失，机车不能缓解，列车管压力不上升。

检查处理方法：

① 查看微处理器 IPM 接口电缆有无松动。

② 查看制动管路柜输入输出模块 15M、16M 光纤是否松动。

③ 如果以上处理无效，则断开蓄电池开关 QA80、QA81，1 min 后再闭合，仍无效的请求救援。

3.5.12 微机显示屏故障

故障现象：黑屏、通信丢失、无法启动、选择方向。

检查处理办法：

① 机车运行中突然黑屏，有牵引力输出。可维持运行（到后端查看显示屏，注意故障提示），注意警惕装置报警。

图 3-73 QA91、QA93

② 机车运行中显示屏失去连接，惩罚制动，无牵引力输出。惩罚制动停车后，将大闸手柄置全制动位，再移置抑制位。打开操纵台角柜门，Ⅰ端检查 QA91、QA93 脱扣开关是否跳开，Ⅱ端检查 QA92、QA94 脱扣开关是否跳开，如果跳开则将其恢复，如图 3-73 所示。

如果脱扣开关未跳开，则关闭蓄电池开关 QA80、QA81，1 min 后重新闭合（显示屏启动后，不得对显示屏进行任何操作），监控装置降级，注意运行速度。

③ 显示屏显示英文字母，启动不完成。关闭电钥匙，卸下显示屏，将 X8 存储器拔下，重新闭合电钥匙。

④ 机车运行中显示屏黑屏后再次启动，要求方向选择，无牵引力输出。选择合适地点停车，断开电钥匙后再重新将其闭合，确定运行方向，加载运行。

3.5.13 电机速度传感器故障

故障现象：牵引力过低、空转灯亮。

检查处理办法：

① 在过程数据－驱动界面查看 6 个轴的速度，如果有“-”显示，说明该轴电机有故障，如图 3-74 所示。

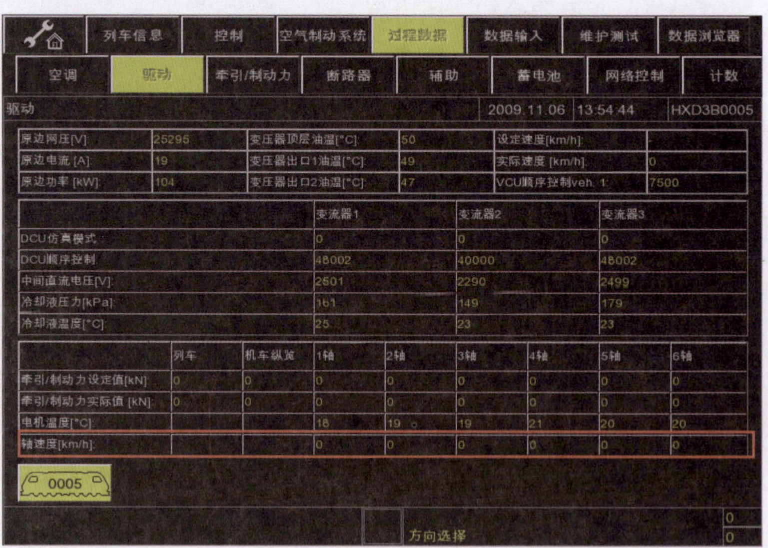

图 3-74 查看轴速度

② 到机械间相对应的变流器柜体侧面，查看 X115、X116 插子是否松动，如图 3-75 所示。

图 3-75 X115、X116 插子

③ 如果以上处理无效，则进入控制 - 隔离界面，手动隔离相应的变流器。

3.5.14 模拟监测保护装置 AMP 故障

故障现象：机车跳主断或主断不能闭合，AMP1（或 AMP2）自动隔离。

检查处理办法：

① 主断路器断开后，在控制 - 隔离界面将被隔离的 AMP1（或 AMP2）手动恢复，如图 3-76 所示。

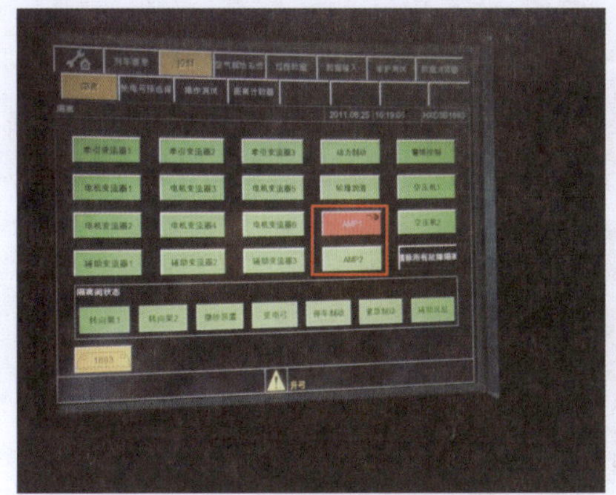

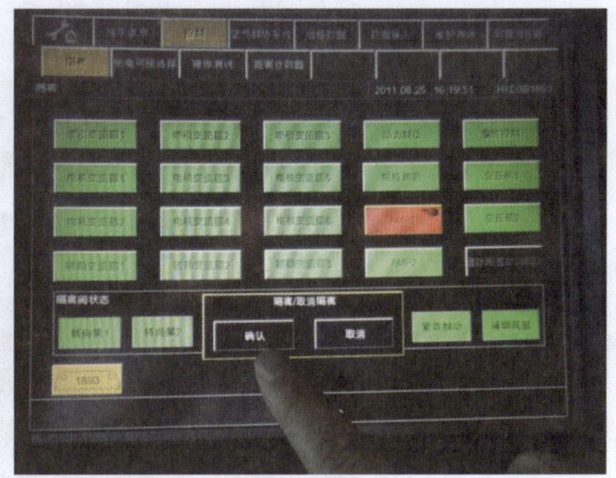

图 3-76 控制 - 隔离界面

② 若无效，则在控制 - 隔离界面中将故障的 AMP1（或 AMP2）手动隔离，维持运行。

③ 当 AMP1、AMP2 都故障时，机车将无法运行，应请求救援。

3.5.15 某个单元制动器不缓解

故障现象：单元制动器不缓解。

检查处理方法：

① 在缓解状态下，关闭故障的转向架制动缸塞门（前转向架为 Z10.22，后转向架为 Z10.23），如图 3-77 所示。

② 确认故障转向架制动指示器（如图 3-78 所示）标牌变为绿色后做单阀制动试验，若确认缓解良好，可维持运行。

▶注意：单机动车时制动力弱。

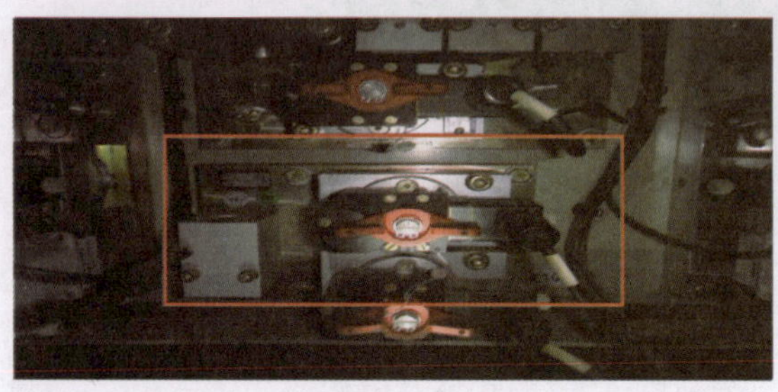

图 3-77 关闭故障的转向架制动缸塞门

图 3-78 转向架制动指示器

3.5.16 牵引电机温度传感器无信号

故障现象：电机自动隔离。

检查处理办法：

① 在过程数据－驱动界面查看电机温度是否显示为“-”。

② 到机械间相对应的变流器柜体侧面，查看 X113、X114 插子是否松动，如图 3-79 所示。

图 3-79 X113、X114 插子

③ 以上处理无效时，手动隔离故障电机，维持运行。

3.5.17 牵引电机温度过高

故障现象：某一转向架 3 个电机温度过高。

检查处理办法：

① 在过程数据－断路器界面查看牵引风机自动开关 QA11、QA12 是否显示为红色，

红色代表跳开，如果跳开则微机显示屏提示牵引风机自动开关 QA11、QA12 断开，此时牵引风机不工作，冷却量减少，将导致功率降低，需要断开主断路器，去辅助配电柜恢复脱扣开关。

▶注意：恢复自动开关时，须先向下按动后再向上托。

② 到机械间查看相对应的牵引风机插子（如图 3-80 所示）是否松动。

▶注意：松动时，微机显示屏无故障提示。

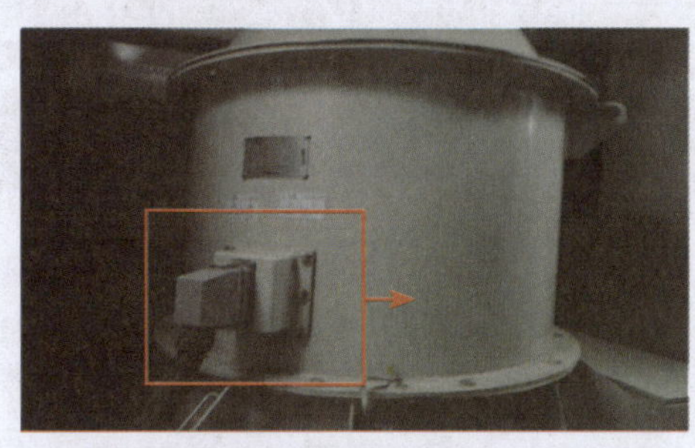

图 3-80 牵引风机插子

③ 若以上处理无效，到维护测试 - 通风试验界面，选择牵引电机通风，按“+”号把牵引电机通风加至最高级位 3 级。每 20 min 做一次。

3.5.18 预充电电阻过热

故障现象：微机显示屏右下角提示预充电电阻过热。

检查处理办法：预充电电阻过热后，禁止盲目断合主断路器。

① 在主断路器闭合的情况下，提手柄有牵引力输出时，可以正常运行。

② 若无牵引力输出，则在过程数据 - 驱动界面检查三个变流器的中间直流电压是否正常，如图 3-81 所示。

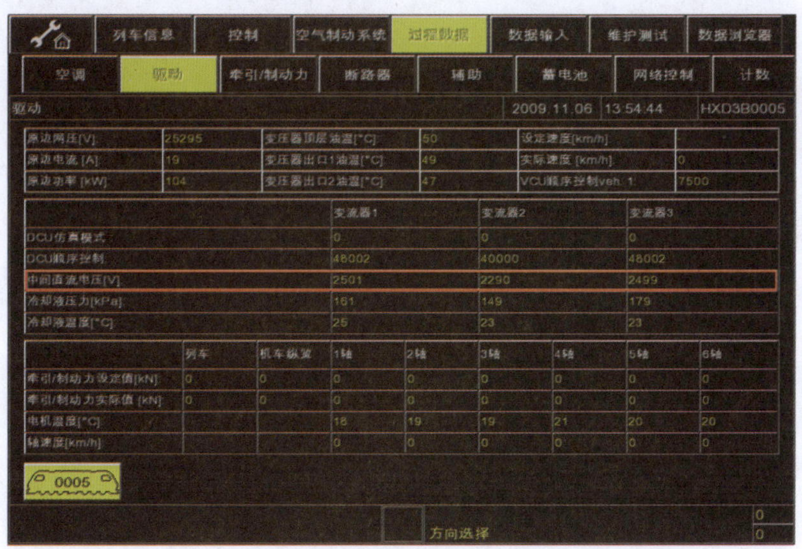

图 3-81 检查中间直流电压

a）如果一个变流器的中间直流电压无升高，则断开主断路器，在控制－隔离界面把相应的牵引变流器隔离掉，隔离后马上闭合主断路器。主断路器闭合后，以 4 个电机维持运行，如图 3-82 所示。

▶注意：此操作应在其他两个变流器的中间直流电压降到 1 480 V 之前完成，否则 3 个变流器的中间直流电压会全降下来，彻底将牵引封锁。

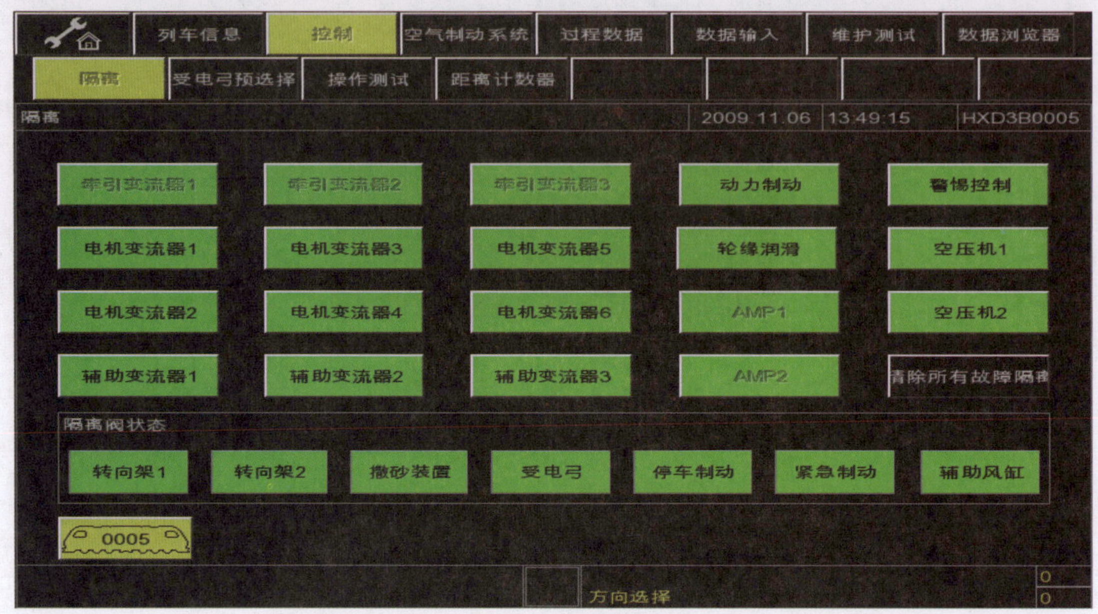

图 3-82　隔离牵引变流器

b）如果 4 个电机牵引力能够满足牵引的需要，可在前方停车站恢复隔离掉的牵引变流器。

c）如果 4 个电机不能满足牵引力需要，待预充电电阻过热现象消除而机车速度起来之后（至少 15 min 以后），乘务员可断开主断路器，在控制－隔离界面把隔离掉的变流器手动恢复，闭合主断路器后恢复正常。

▶注意：如果 3 个变流器的中间直流电压有两个及以上低于 2 300 V，必须等预充电电阻故障消失后才能恢复运行。

3.5.19　无火回送操作方法

① 移动自阀手柄到“重联”位，移动单阀手柄到“运转”位，移动换向手柄到“0”位，如图 3-83 所示。

② 制动系统断电。可断开电钥匙，或者断开低压配电柜制动柜脱扣开关 QA58 和 QA68。

③ 在 EPCU 的 ERCP 模块上将无火回送塞门转到“投入”位，如图 3-84 所示。

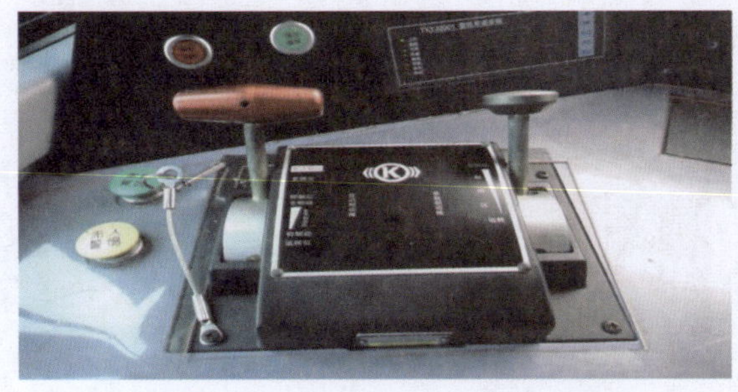

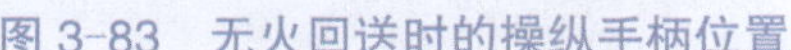
图 3-83 无火回送时的操纵手柄位置

图 3-84 将无火回送塞门转到“投入”位

④ 关闭总风缸隔离塞门 A10（位于Ⅰ、Ⅱ风缸间，如图 3-85 所示。

⑤ 开放总风缸下部排水阀，排放总风缸压力至 250 kPa 以下后，关闭排水阀，如图 3-86 所示。

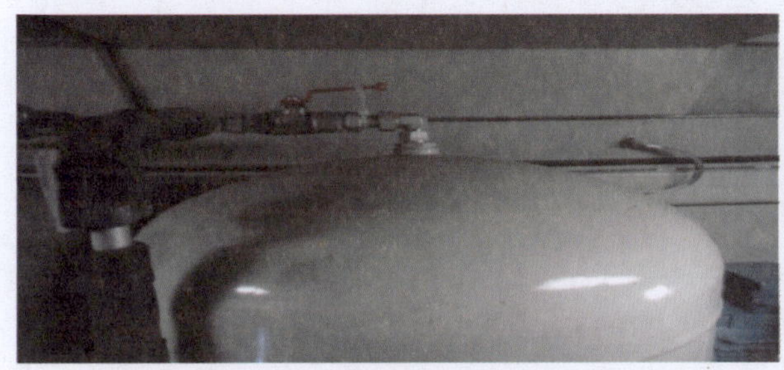
图 3-85 关闭总风缸隔离塞门 A10

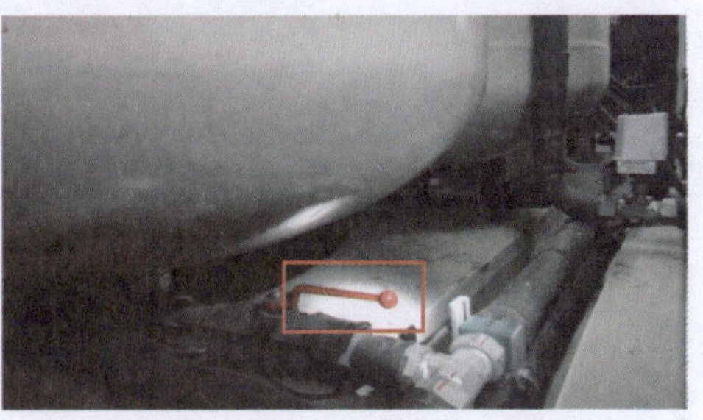
图 3-86 关闭排水阀

⑥ 关闭停放制动截断塞门（B40.06），应有排风现象，如图 3-87 所示。

⑦ 开放两端平均管塞门，如图 3-88 所示。

图 3-87 关闭停放制动截断塞门（B40.06）

图 3-88 开放两端平均管塞门

⑧ 手动缓解停放制动机械联锁（Ⅰ端右 1、3，左 4、6），并确认左右两侧 12 个动轮夹钳与制动盘有间隙量，如图 3-89 所示。

⑨ 确认停放制动指示器为红色、制动指示器为绿色后，如图 3-90 所示，再确认夹钳已缓解。

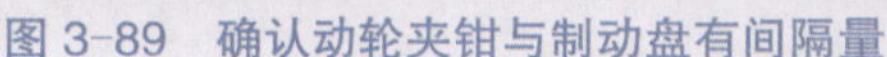

图 3-89　确认动轮夹钳与制动盘有间隔量

图 3-90　停放制动指示器红色，制动指示器绿色

⑩ 连接制动软管，缓慢开放折角塞门。

⑪ 本务机车进行制动与缓解操作，并确认无火机车与本务机车制动、缓解状态一致。

学习工作单

任务 3.5	HX_D3B 型电力机车应急故障处理		
学习小组		姓名	
✧ 学习工作 3.5.1　HX_D3B 型电力机车受电弓升不起来的处理方法			
✧ 学习工作 3.5.2　HX_D3B 型电力机车主断路器合不上的处理方法			
✧ 学习工作 3.5.3　HX_D3B 型电力机车无火回送操作方法			

模块 4

HX_D3C 型电力机车

HX_D3C 型电力机车是在 HX_D3 型和 HX_D3B 型电力机车基础上研制的轴式为（C_0—C_0）的交流传动六轴 7 200 kW 干线货运电力机车，该机车通过更换、增加供电绕组的主变压器，增加列车供电柜、供电插座、客货转换开关、双管供风装置等，使机车具有牵引旅客列车的功能，并可以向旅客列车提供风源及稳定的 DC 600 V 电源。

HX_D3C 型电力机车采用 PWM 矢量控制技术等最新技术，同时尽量考虑对环境的保护、减少维修工作量。另外，该车型以能够在中国全境范围内运行为前提，可以在环境温度 -40～+40 ℃、海拔高度 2 500 m 以下的条件下运行，并能 3 组机车重联控制运行。

（扫描二维码，学习更多内容）

任务 4.1　HX_D3C 型电力机车特性及主要设备介绍

布置任务

- 了解 HX_D3C 型电力机车的特性。
- 掌握 HX_D3C 型电力机车的主要设备参数。
- 了解 HX_D3C 型电力机车中其他主要设备的功能。

相关资料

4.1.1　机车特性

机车牵引特性采用恒力矩准恒速控制方式，机车的司机控制器调速手柄在牵引模式下级位设定为 13 级，在电制动模式下级位设定为 12 级，级间能够进行平滑调节，每级速度变化为 10 km/h。

1. 机车牵引特性

1）23 t 轴重

当机车速度小于或等于 10 km/h 时，机车最大牵引力限制为 520 kN；当货运机车速度大于 10 km/h 且小于或等于 70 km/h（客运机车为 62 km/h）时，货运机车最大牵引力曲线按 F=544.8-2.48 V（客运机车的按 F=544.8-2.85 V）进行线性限制（V 为机车速度），机车进入加速区；当货运机车速度大于 70 km/h（客运机车的速度大于 62 km/h）时，货运机车最大牵引力曲线按 F=25 920/V（客运机车按曲线 F=23 040/V 进行限制；当机车速度达到 120 km/h 时，进行速度限制，此区段为机车功率限制区。

2）25 t 轴重

当机车速度小于或等于 10 km/h 时，机车最大牵引力限制为 570 kN；当机车速度大于 10 km/h 且小于或等于 65 km/h 时，机车最大牵引力曲线按 F=600.9-3.09 V 进行限制（V 为机车速度，单位为 km/h），机车进入加速区；当机车速度大于 65 km/h 时，机车最大牵引力曲线按 F=25 920/V 进行限制；当机车速度达到 120 km/h 时，进行速度限制，此区段为机车功率限制区。

2. 机车制动特性

1）23 t 轴重

机车最大电制动力限制为 370 kN；机车速度在 15～5 km/h 时按限制曲线线性下降至 0；当货运机车速度大于 70 km/h（客运机车速度大于 62 km/h）时，货运机车最大制动力按曲线 F=25 920/V（客运机车最大制动力按曲线 F=23 040/V）进行限制，此区段为机车功率限制区。

2）25 t 轴重

机车最大电制动力限制为 400 kN；机车速度在 15～5 km/h 时按限制曲线线性下降至 0；当机车速度大于 65 km/h 时，机车最大电制动力按曲线 F=25 920/V 进行限制，此区段为机车功率限制区。

4.1.2 主要设备介绍

1. 受电弓

受电弓是电力机车从接触网获得电能的重要电气部件，通过支持绝缘子安装在机车车顶上。受电弓弓头升起后使碳滑板与接触网导线接触，从接触网上获取电流，并将电流通过车顶母线传送到车内供机车使用。

HX_D3C 型电力机车采用 DSA200 型单臂受电弓，在机车一、二端车顶盖上各安装一台受电弓。该型号受电弓采用气囊驱动方式升弓，配备有阻尼器和 ADD 自动降弓装置。

受电弓主要由底架、铰链机构、弓头部分、升弓装置及气路组装等几大部分构成，其外形图如图 4-1 所示。

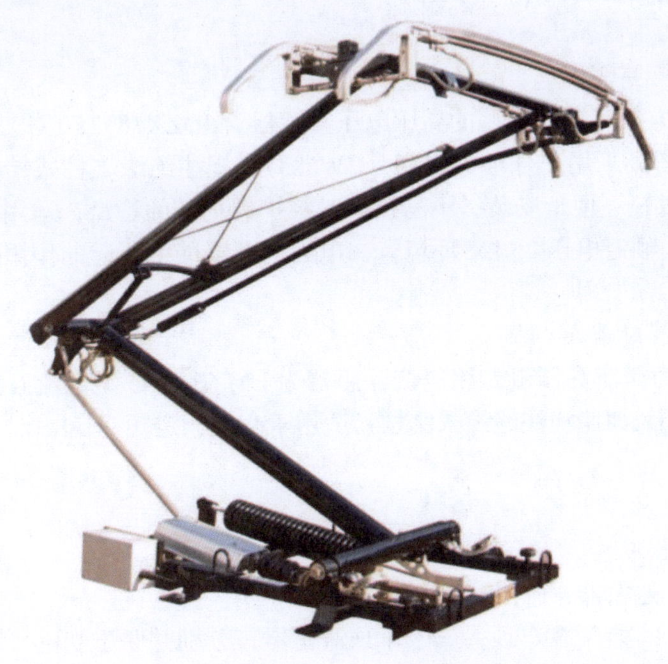

图 4-1 受电弓外形图

2. 真空主断路器和接地开关

HX_D3C 型电力机车安装的是真空主断路器（22CBDP1）和接地开关（35KSDP1）组件。整个组件安装在车内的高压柜中。

真空主断路器和接地开关组件的外形图如图 4-2 所示。

HX_D3C 型电力机车目前采用 22CBDP1 型真空主断路器，其外形图如图 4-3 所示。

图 4-2　真空主断路器和接地开关组件外形图

图 4-3　22CBDP1 型真空主断路器外形图

22CBDP1 型真空主断路器是电力机车的一个重要电气部件，它是整车与接触网之间电气连通、分断的总开关，是机车上最重要的保护设备，当机车发生各种严重故障时能迅速、可靠、安全地切断机车总电源，从而保护机车设备。该断路器与 35KSDP1 型接地开关直接装配，安装在车内高压柜中。

3. 高压电压互感器、高压电流互感器

1）高压电压互感器

HX_D3C 型电力机车配套使用的高压电压互感器为 JDZX18-25（C）型户内全封闭式电压互感器。该产品采用户外环氧树脂（CW5837）浇注绝缘支柱式结构，具有耐机械冲击能力强、重量轻、便于安装、不易损坏、维护周期长的特点，适用于户内交流额定频率 50～60 Hz、额定电压 25 kV 环境，在电力机车电网中所起的作用是电压测量或继电保护。

2）高压电流互感器

HX_D3C 型电力机车高压侧专用电流互感器为 LMZB-25C 型电流互感器，该产品采用支柱穿心母线环氧树脂浇注绝缘式结构，适用于交流额定频率 50 Hz、额定电压 25 kV 的工作环境。

4. 避雷器

1）避雷器的作用

机车共有三个避雷器：F_1、F_2、F_3。

避雷器 F_1 和 F_2 装配在车顶，属于车顶避雷器，分别并联于受电弓和高压隔离开关之间，可以抑制机车外部的雷击过电压和电网过电压，保护车顶和车内的高压电器。

避雷器 F_3 装配在车内高压柜中，属于车内避雷器（如图 4-4 所示），并联于主断路器和主变压器原边绕组之间，它主要抑制主断路器开闭时产生的操作过电压，避免对机车内部的控制电器产生过电压侵害。

图 4-4 车内避雷器

车顶避雷器 F_1、F_2 的持续额定工作电压低于车内避雷器 F_3 的持续额定工作电压，从而确保机车外部的雷击过电压和电网过电压在车顶上就被抑制，避免进入车内造成危害。

2）避雷器的结构特点

避雷器主要由硅橡胶复合外套、芯体、高压接线端、连接底板等部分组成。硅橡胶复合外套具有优良的绝缘性能和耐污秽能力，芯体由非线性优良的金属氧化物电阻片组成，在内部紧固成一体。避雷器整体结构紧凑，具有良好的抗冲击振动性能。高压接线端和连接底板等采用不锈钢材料，保证表面的耐蚀性和美观。

5. 高压隔离开关

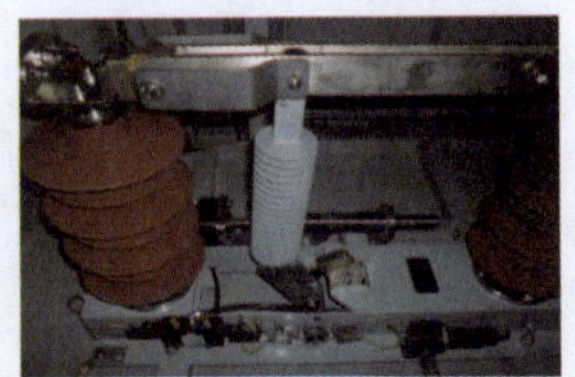
图 4-5 2PIS 型高压隔离开关

机车采用两台电空控制的 2PIS 型高压隔离开关（如图 4-5 所示）。当高压隔离开关处于隔离位时，动触头端自动接地，用以确保故障端受电弓可靠接地，同时保证高压柜内部安全可靠。可通过控制柜上的受电弓隔离开关 SA96，将其打至对应隔离位，通过 TCMS 发出指令来控制相应的电空阀，实现高压隔离开关的开闭操作，以切除存在故障的受电弓，同时使用另一台受电弓维持机车正常运行，降低机破率，提高机车运用可靠性。

当受电弓升弓气路发生故障时，可让该受电弓降下，并将侧墙升弓气路板上的阀门关闭，切断该受电弓的气路。

在一组受电弓损坏或存在接地故障的情况下，在断主断降弓模式下将控制柜上的受电弓隔离开关 SA96 打至相应隔离位（受电弓 Ⅰ 隔离 / 受电弓 Ⅱ 隔离），高压柜内相应的受电弓高压隔离开关 QS1 或 QS2 将断开，故障受电弓被隔离并接地。机车需要升起另一组受电弓，继续维持运行，回段后再做处理。

高压隔离开关属于保护装置，它的作用如下：

① 单机或重联运行时，机车的高压隔离开关都闭合，接通机车的车顶高压线路，从而可用机车一端的受电弓、主断路器控制机车或重联机车的受流。

② 如果某一端机车的车顶高压部分发生故障，可以断开故障侧的高压隔离开关，切断故障机车，维持运行。

6. 主变压器

机车采用轴向分裂、心式卧放、下悬式安装的一体化多绕组变压器。该变压器具有阻抗高、重量轻等特点，由于采用了真空注油、强迫风冷、氮气密封等特殊的工艺措施，所以变压器的绝缘寿命得以延长。

主变压器的 6 个 1 450 V 牵引绕组分别用于两套主变流器的供电，

两个 399 V 辅助绕组分别用于辅助变流器的供电，两个 860 V 供电绕组分别用于 DC 600 V 列车供电柜的供电（仅客运方案）。

主变压器内还设有温度继电器、压力释放阀、油流继电器等，对主变压器进行高温、过压等保护。

7. 高压接地开关 QS3

高压接地开关与主断路器集成在一起，具有高压电路接地保护功能，并集成于机车高压安全联锁系统中，它只能在降弓并且切断受电弓气源之后才能操作。

高压接地开关与机车钥匙箱联锁，可以实现机车的高压安全互锁。高压接地开关上配有一个蓝色锁芯、一个黄色锁芯和一个黄色钥匙。当升弓气路阀关闭时，蓝色钥匙（位于空气管路柜内）才能拔出，待其插入高压接地开关后，高压接地开关才可以打至接地位，此时主断路器的两端及高压隔离开关通过高压接地开关与车体接地装置相连；高压接地开关上的黄色钥匙只有当接地开关打至接地位时才能拔出，并插入到机车钥匙箱，使钥匙箱上的其他钥匙解除联锁，从而确保只有在网侧回路完全接地的情况下才可以打开机车的其他电器柜门，实现高压安全互锁。反之，只有当所有柜门关闭上锁，钥匙全部插入机车钥匙箱，黄色钥匙才可拔出，插入到高压接地开关上，高压接地开关才可打至正常运行位，此时蓝色钥匙才可拔出，插入升弓气路阀，开通升弓气路。

8. 复合冷却器通风机组

本部件是为冷却 HX_D3C 型电力机车主变压器和主变流器而被安装在机械室内的，它的通风气路为：冷却风从顶盖的通风窗处进入，再送入通风机中，然后由通风机通过通风道送出冷却风对复合冷却器进行冷却，最后排到大气中。

此通风机组由 RPF-67B 型通风机（如图 4-6 所示）和 TIKK-FCKW8 型电机组成（如图 4-7 所示）。

图 4-6　RPF-67B 型通风机

图 4-7　TIKK-FCKW8 型电机

（1）控制柜的功能

机车控制柜内集中放置低压电路控制和保护用器件，用于对三相负载电路、单相负载电路中的部件进行故障保护和相应的逻辑控制。另外，它还实现入库动作、库内试验时的转换、原边过流反馈及电能损耗计量等功能。

（2）控制柜的结构

该控制柜正面分上下两部分，上部集中放置断路器、万能转换开关、电度表，外部采用整体外罩，留有开关操作部分、电度表可视窗。下部是双开门结构，其中设置了 8 个对外连接用的辅助连接器，用于车上辅机和辅助加热设备的电气连接。由于柜的下部设置了主辅电路库用转换装置，为安全起见，柜内还设置有联锁装置和连杆锁。

学习工作单

任务 4.1	HX_D3C 型电力机车特性及主要设备介绍		
学习小组		姓名	
✧ 学习工作 4.1.1　HX_D3C 型电力机车的特性			
✧ 学习工作 4.1.2　HX_D3C 型电力机车中主要设备的参数			
✧ 学习工作 4.1.3　HX_D3C 型电力机车中其他主要设备的功能			

（扫描二维码，
学习更多内容）

任务 4.2　HX$_D$3C 型电力机车操纵台认知

布置任务

- 了解 HX$_D$3C 型电力机车司机室布置。
- 掌握 HX$_D$3C 型电力机车司机控制器的功能。
- 了解 HX$_D$3C 型电力机车主断路器扳键开关。

相关资料

HX$_D$3C 型电力机车在机车的两端各设一个司机室，两个司机室之间是机械室，如图 4-8 所示。

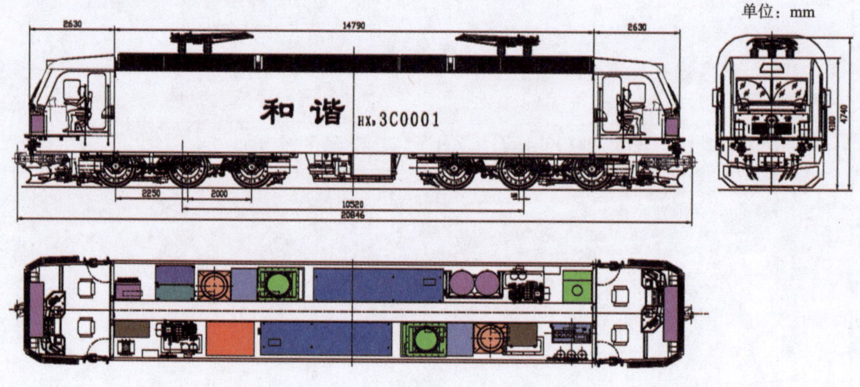

图 4-8　HX$_D$3C 型电力机车整体

4.2.1　司机室布置

在司机室内设有操纵台、八灯显示器、司机座椅、紧急放风阀、灭火器等设备。司机室操纵台前部设有空调装置，司机室顶部设有风扇、头灯、司机室照明设备等。司机室前窗采用电加热玻璃，窗外设有电动刮雨器，窗内设有电动遮阳帘；侧窗外设有机车后视镜。操纵台设备布置如图 4-9 所示。

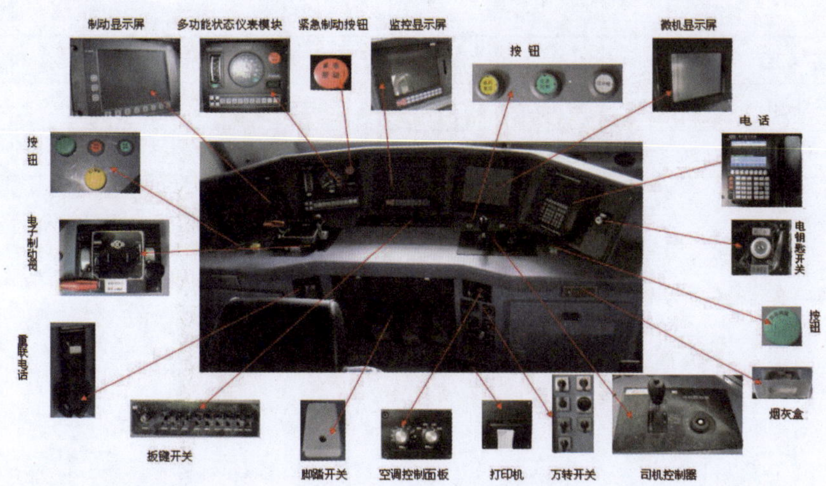

图 4-9　操纵台设备布置

4.2.2　司机室主要扳键开关

1. 电源钥匙开关 SA49（SA50）

电源钥匙开关有两个位置："合""分"。当置"合"位时，机车 I 端为操纵端，另一端为非操纵端。

2. 受电弓扳键开关 SB41（SB42）

受电弓扳键开关设有"前""0""后"三个工作位，正常工作位为"0"位。当 SB41 置"前"或"后"位时，受电弓电空阀 YV41（YV42）线圈得电，在空气管路压力正常的前提下，受电弓 PG1 或受电弓 PG2 升起；当 SB41 置"0"位时，受电弓 PG1 或受电弓 PG2 均降下。

3. 主断路器扳键开关 SB43（SB44）

司机通过操纵主断路器扳键开关，可以实现对主断路器的控制。主断路器扳键开关设有"主断合""0""主断分"三个工作位。"主断合"位为自复位，正常工作位为"0"位。三个工作位的作用如下："主断合"位闭合主断路器，"主断分"位断开主断路器，"0"位维持主断路器的当前状态。

4. 主压缩机扳键开关 SB45（SB46）

主压缩机扳键开关设有三个工作位，分别为"0""合""强泵"。"强泵"位是自复位置。"合"位：压缩机根据总风压力开关 KP51-1（或 KP51-2）的状态投入工作；"强泵"位：强制头车两台压缩机投入工作，补机主压缩机投入工作；"0"位：压缩机停止工作。

4.2.3　司机控制器

司机控制器（简称司控器）有两个手柄：换向手柄和调速手柄。换向手柄有"向前""0""向后"三个工作位，调速手柄可以提供 0～13 级牵引级位、0～12 级制动级位。两个手柄之间设有机械联锁：当调速手柄在"0"位时，换向手柄可进行方向转换；当换向手柄在"0"位时，调速手柄不能移动，只能在"0"位。

学习工作单

<table>
<tr><td>任务 4.2</td><td colspan="3">HX_D3C 型电力机车操纵台认知</td></tr>
<tr><td>学习小组</td><td></td><td>姓名</td><td></td></tr>
<tr><td colspan="4">✧ 学习工作 4.2.1　HX_D3C 型电力机车司机室的布置</td></tr>
<tr><td colspan="4"></td></tr>
<tr><td colspan="4">✧ 学习工作 4.2.2　HX_D3C 型电力机车司机控制器的功能</td></tr>
<tr><td colspan="4"></td></tr>
<tr><td colspan="4">✧ 学习工作 4.2.3　HX_D3C 型电力机车主断路器扳键开关的工作位设置</td></tr>
<tr><td colspan="4"></td></tr>
</table>

任务 4.3 HX_D3C 型电力机车驾驶之机车操作

（扫描二维码，学习更多内容）

布置任务

- 了解 HX_D3C 型电力机车起动前的准备工作。
- 了解 HX_D3C 型电力机车升弓、合主断以及各辅助电动机的起动要求。
- 认识制动机性能试验。

相关资料

4.3.1 机车起动操作注意事项

① 取出司机控制器方向手柄，断开电钥匙开关，检查司机控制器下方柜门处转换开关的位置。

② 将充电柜上“充电单元选择开关”置于“自动”位。

③ 检查控制柜自动开关：

a）检查第一排自动开关，应全部处于闭合位（向上为闭合）；

b）检查第二排自动开关，除加热控制开关外其他必须全部处于闭合位（红色必须闭合）；

c）检查第三排前四个自动开关是否在闭合位。

d）检查第三排右侧低温预热开关 SA71、CI 试验开关 SA75、受电弓隔离开关 SA96，均应处于“0 位”（竖直位）。

将低压电源柜上电源模块转换开关 SW1 置于“自动”位，依次闭合低压电源柜中蓄电池开关 QA61、风扇自动开关、CB 电源自动开关。司机室操纵台上的电压表显示的电压应大于 96 V。再将其他与机车运行相关的自动开关闭合，机车各类开关打至正常运行位。

▶ 注意：正常情况下，直流加热开关 QA60 和低温预热开关 SA71 不允许闭合，否则会对被加热设备造成损害，还有可能引起蓄电池亏电。仅当环境温度过低，机车各系统由于低温无法正常启动时才将它们闭合，同时闭合交流加热自动开关 QA72，此时机车首先使用蓄电池对机车 UC 110 V 电源装置、微机显示屏、APU1 以及 APU2

加热。当机车可以正常起动并可以正常升弓、合主断后，机车就转由交流 110 V 电源对整车进行低温加热。

④ 将所有柜门关闭上锁，绿色钥匙全部插入机车钥匙箱之后，才可以拔出黄色钥匙；黄色钥匙插入到高压接地开关上之后，才可以使高压接地开关打至正常运行位，蓝色钥匙才可以拔出，完成高压安全联锁；将蓝色钥匙插入空气制动柜内的升弓钥匙塞门 U99，旋转钥匙开通升弓气路（此时该钥匙将无法取出），为机车升弓做好准备。

⑤ 将机车钥匙插入操纵台上的电源钥匙开关 SA49（SA50）处，并转至“合”位，机车操纵端即被设定。

此时，TCMS 得电，并开始自检。自检完成后，操纵台上的微机显示屏进入牵引 / 制动界面，微机显示屏为全触屏式显示屏，主屏界面可显示“原边电压”“原边电流”“控制电压”“机车各轴牵引力”“主断分 / 合”等状态信息；主屏的右下方为故障显示区，当机车出现故障时，该区域可实时显示各类故障信息，如果故障解除，故障信息立即消失。通过点按显示屏上相应的软按键，可进入其他状态界面，如主变流器 / 牵引电机界面、开关量界面、通风机状态界面、辅助电源界面、故障履历界面等，可查看机车各电气设备的详细状态信息和故障状态信息。状态指示灯经过自检（全亮）后，如果一切正常，只有“微机正常”和“主断分”灯亮，表示机车已准备就绪。

▶注意：机车操纵端一旦设定，即使另一端的电钥匙开关也打到“合”位，其操作也会被判定为无效，无法改变操纵端。

4.3.2 升弓、合主断以及各辅助电动机的起动要求

① 司机升弓前，应确认机车辅助风缸压力是否满足要求，若风压低于 480 kPa，即压力开关 KP58 在断开状态，则直接到空气管路柜前按下 SB97 按钮，使 KMC1 闭合，辅助压缩机 U80 直接起动，对辅助风缸打风，待风压达到 735 kPa 时，辅助压缩机停止打风。如果压力开关 KP58 在闭合状态，则受电弓可以直接升起，此时机车辅助压缩机自动打风功能已经取消。

▶注意：TCMS 自动控制辅助压缩机运行时间不超过 10 min，再次投入工作需间隔 20 min。

② 将受电弓扳键开关 SB41（SB42）置于“后位”后，位于前进方向后面的受电弓升起。当受电弓升起后，操纵台上的网压表 PV1（PV2）可显示当前原边网压，同时微机显示屏上也有原边网压显示和受电弓升起图标。

③ 将操纵台上的主断路器扳键开关 SB43（SB44）置于“主断合”位置，主断路器接通，此时操纵台上故障显示灯中的“主断开”灯灭，微机显示屏的“主断合”灯亮。

④ 将主断路器置于“合”位，辅助变流器 APU2 开始工作，油泵、水泵、辅助变流器风机等分别开始工作。

⑤ 将主压缩机扳键开关 SB45（SB46）置于“合”位，当总风缸压力低于（680 ± 20）kPa 时，机车两台压缩机依次起动，投入工作；当总风缸压力低于（750 ± 20）kPa

时，只有非操纵端压缩机投入工作（即Ⅰ端为操纵端时，压缩机 2 工作；Ⅱ端为操纵端时，压缩机 1 工作）；当总风缸压力升至（900 ± 20）kPa 时，压缩机自动停止工作。将主压缩机扳键开关置于“强泵”位时，两个压缩机依次起动，且不受总风缸压力开关的控制，待总风缸压力升至（950 ± 20）kPa 时，高压安全阀动作并连续排气，此时应停止压缩机工作，使主压缩机扳键开关扳离“强泵”位。

▶ **注意：** 压缩机的工作方式分为间歇式和连续式两种，正常工作方式应该为间歇式。通过微机显示屏进入检修模式下的功能选择界面，可进行压缩机模式选择。间歇式为压缩机的常规运行模式。连续式主要是为了防止压缩机机油乳化、压缩机频繁起动等问题的发生，在间歇的基础上，增加压缩机的空载运行功能。压缩机空载运行时只进行内部循环，不再向总风缸供风。

⑥ 将司机控制器换向手柄由“0”位转换为“向前”或“向后”，辅助变流器装置（APU1）开始工作，牵引风机、复合冷却器风机均采用软起动方式投入工作。

⑦ 客车供电空载试验，方法如下：

a）将集控器故障隔离开关置隔离位，控制箱 A/B 组转换开关置 A 组；

b）升弓，合主断，辅助变流器装置 APU 投入运行；

c）闭合操纵端列车供电钥匙 SA105（SA106），确认微机显示屏指示的供电电压为 DC（600 ± 30）V；

d）A 组试验完毕后，再将供电控制箱转至 B 组进行试验，试验步骤同上。试验完毕后将集控器故障隔离开关打至运行位。

4.3.3 制动机性能试验

① 必须设置停车制动，以防止机车移动。

② 确认机车总风缸压力不小于 750 kPa。

③ 将总风塞门 A24 打开，将总风缸的 4 个排水塞门关闭。

④ 检查制动系统两端列车管塞门 B81、两端总风管塞门 B80、两端平均管塞门 B82，应关闭；两端防撞折角塞门 B95、B96、B94 应全开。将紧急制动模块上制动缸截断塞门 S10.01 打开。

⑤ 确认单阀手柄在“重联”位，自阀手柄在“运转”位。

⑥ 在两端分别进行试验。

学习工作单

<table>
<tr><td>任务 4.3</td><td colspan="3">HX_D3C 型电力机车驾驶之机车操作</td></tr>
<tr><td>学习小组</td><td></td><td>姓名</td><td></td></tr>
<tr><td colspan="4">✧ 学习工作 4.3.1　HX_D3C 型电力机车起动前的准备工作</td></tr>
<tr><td colspan="4"></td></tr>
<tr><td colspan="4">✧ 学习工作 4.3.2　HX_D3C 型电力机车升弓、合主断以及各辅助电动机的起动要求</td></tr>
<tr><td colspan="4"></td></tr>
<tr><td colspan="4">✧ 学习工作 4.3.3　HX_D3C 型电力机车制动机性能试验</td></tr>
<tr><td colspan="4"></td></tr>
</table>

任务 4.4 HX_D3C 型电力机车驾驶之列车操纵

（扫描二维码，学习更多内容）

布置任务

- 了解 HX_D3C 型电力机车的起动操作。
- 了解 HX_D3C 型电力机车司机控制器调速手柄的操作。
- 了解 HX_D3C 型电力机车的准恒速运行。

相关资料

4.4.1 机车起动前需要确认的事项

① 弹簧储能制动处于缓解状态。停车制动时，操纵台的微机显示屏显示“停车制动”；解除停车制动时，需按压操纵台左侧的“停放缓解”绿色按钮。

② 总风缸压力最低应在 470 kPa 以上。低于这个压力的时候，即使提手柄，也不会出现行驶许可信号，不能行驶。

③ 空气制动处于缓解状态。

④ 接触网电压在 25 kV 左右，控制电压为 110 V 左右。

⑤ 确认辅助变流电源装置工作正常，无故障。

⑥ 确认机车空气制动系统作用良好。

⑦ 确认铁鞋已移除。

4.4.2 换向手柄操作

将换向手柄置“前”或“后”位，辅助变流器 APU1 工作，牵引风机及复合冷却器风机均采用软起动方式开始工作。同时，主变流器的充电接触器、工作接触器相继转为“起动”状态。当调速手柄离开“0”位时主变流器“预备”指示灯灭。

4.4.3 调速手柄操作

当调速手柄从“0”位往“牵引”区转动时（如图 4-13 所示），必须按下手柄头部的联锁按钮；当调速手柄从“0”位向“制动”区转动时，不存在此联锁关系。将调速手柄推向牵引区后，机车进入牵引工况，调速手柄可在 *～1～13 级位范围内任意选择，设定级位后机车将遵循该级位的牵引特性曲线，实现恒力矩准恒速特性控制。将调速手柄推向制动区后，机车进入制动工况，调速手柄可在 *～1～12 级位范围内任意选择，设定级位后机车遵循该级位的制动特性曲线，实现恒力矩特性控制。如图 4-10 所示。

图 4-10　司机控制器调速手柄从“0”位往“牵引”区转动

4.4.4　机车准恒速运行

① 机车根据调速手柄的级位设定目标速度，按照准恒速特性来控制。

② 机车的速度从速度范围的最低值开始缓慢行驶，机车牵引力，逐渐达到目标速度。

③ 当机车速度接近设定的目标速度范围上限时，机车牵引力自动减小。

④ 当机车速度达到目标速度时，机车牵引力降为 0。

⑤ 当线路条件发生变化，机车的速度降低时，机车开始再次牵引，以维持目标速度。

⑥ 当机车进入下坡线路时，机车的速度上升，此时需将调速手柄回零（如图 4-11 所示），并采取必要的措施，通过司机控制器或者空气制动控制器，施加制动力以调整机车速度，如图 4-12 所示。

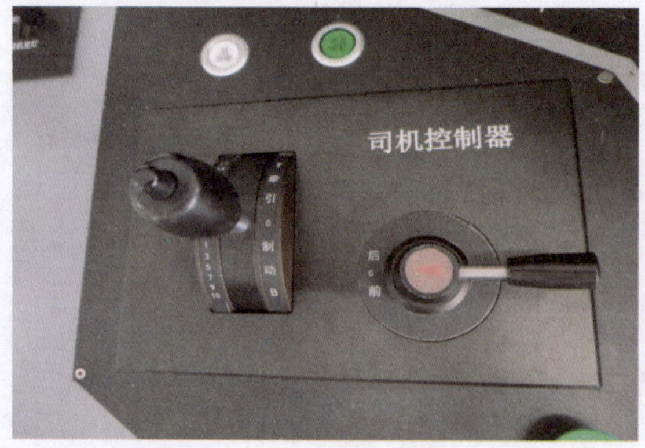

图 4-11　调速手柄回零

图 4-12　施加动力制动

4.4.5 动力制动操作

① 当机车以一定的速度运行在下坡道或需要抑制机车速度时，司机应及时使用动力制动。

② 当调速手柄从“0”位往制动区移动时，动力制动开始作用。当机车实施动力制动时，操纵台上的电制动指示灯亮。

③ HX_D3C 型电力机车具有恒制动力的电气制动特性，每个制动级位对应着一个固定的动力制动力值，但不超过该速度下的最大动力制动力。

④ 如果司机首先通过司机控制器施加了动力制动，然后使用自阀手柄制动，机车仍保持司机控制器施加的动力制动，不实施空气制动，但后面的车辆实施空气制动。当施加单独制动时，空气制动可以激活，当制动缸压力达到 90 kPa 时，动力制动将被切除。

⑤ 当司机先通过单阀手柄施加空气制动，在机车制动缸压力达到 90 kPa 后，追加动力制动，动力制动无法投入。

⑥ 当机车处于定速控制状态，且机车速度比目标速度低时，动力制动不起作用。

⑦ 当机车处于定速控制状态，且机车速度比目标速度高时，动力制动起作用，以维持目标速度。

4.4.6 定速控制操作

当机车速度大于或等于 15 km/h，且机车未实施空气制动时，按下操纵端定速按钮 SB69（或 SB70）后，当前的机车运行速度被认定为“目标速度”，机车进入“定速控制”状态。

① 当机车在定速模式下运行时，TCMS 将根据定速模式下的牵引电制动特性，自动控制机车在牵引或电制动工况下运行，并实现牵引工况和电制动工况的自动转换。

② 当机车的实际速度低于“目标速度 -2 km/h”时，TCMS 自动控制机车进入牵引状态，牵引力遵循速度 - 牵引力特性关系增大。当机车的实际速度加大到“目标速度 -1 km/h”时，牵引力为 0。

③ 当机车进入“定速控制”状态后，若司机控制器调速手柄级位变化超过一个级位以上，则机车的“定速控制”状态自动解除。

4.4.7 过分相操作

机车除手动过分相外，还有半自动过分相和全自动过分相两种方式。

1. 半自动过分相

在半自动的情况下，当运行的机车接近分相区时，人为按下“过分相”按钮，机车的主断路器断开，受电弓保持在升起状态。通过分相区后，机车通过 TCMS 检测到接触网电压，经过一定时间后自动闭合主断路器，重新起动辅变流装置、主变流器，控制主变流器的输出电压、输出电流，从而控制牵引电机的牵引力，使机车恢复至过分相前的状态。

2. 全自动过分相

在全自动的情况下，机车自动过分相信号的感应、处理由地面感应器、车载感应器和车感信号处理装置共同完成。电力机车通过分相区时，如果运行的线路区段在分相区前后装有地面感应器，机车自动过分相检测装置将起作用。该装置根据当时机车速度、位置自动分断主断路器，通过分相区后，自动闭合主断路器，控制牵引力平滑上升，并恢复至通过分相区前的运行状态。

4.4.8 故障排除运行操作

当机车的主要设备发生故障时，微机显示屏的故障信息显示区将显示相应的故障信息。司机可根据故障信息进行相应的故障排除操作。

出现故障时，机车会进行故障保护，并通过微机显示屏给出故障提示，司机根据提示进行故障的隔离操作，隔离故障部位，继续运行。

当机车发生原边过流、接地等故障时，司机应及时按下操纵台上的复位按钮 2 s 以上。

4.4.9 TCMS 故障时的运行操作

微机控制柜中有两组完全相同的控制单元设备。一组称为主控设备，另一组称为备用控制设备。在 TCMS 正常运行时，主控设备工作，备用控制设备处于通电热备状态。当主控设备发生故障时，备用控制设备即刻自动投入使用。TCMS1 控制 Ⅰ 端显示屏、TCMS2 控制 Ⅱ 端显示屏，当显示屏黑屏（如图 4-13 所示）、花屏时可以不做处理，仅通过仪表、监控显示屏观察机车参数，维持运行，回段再报修。

图 4-13　显示屏黑屏

4.4.10 牵引电机、主变流器故障时的隔离运行操作

机车主电路采用 6 组主变流器，分别向 6 台牵引电机独立供电。每 3 组主变流器和一组辅助变流器置于一个变流器柜里，但各个装置之间相互独立。当某一牵引电机或其对应主变流器发生故障时，可以通过操作微机显示屏隔离界面下的按键隔离相应的故障单元（如图 4-14 所示），维持运行。

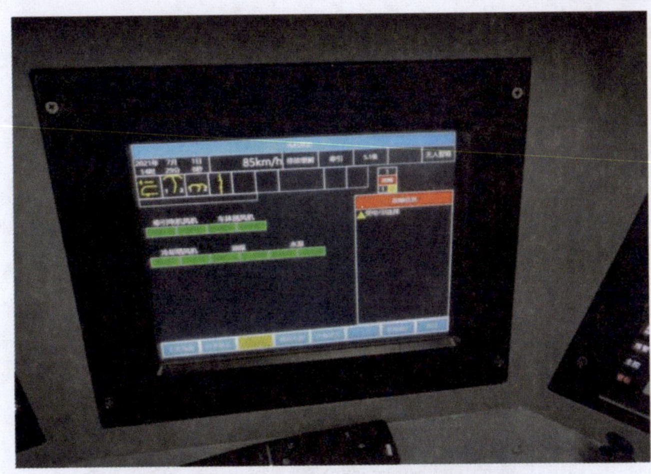

图 4-14 牵引电机、主变流器故障隔离

4.4.11 紧急按钮（红色按钮）操作

遇紧急情况时，按下操纵台的紧急按钮（红色按钮），分断主断路器，施加紧急制动。解除紧急制动时，旋转紧急按钮进行复位。

4.4.12 紧急情况下的操作

当机车制动失效时，可拉下司机室后墙的车长阀，排出列车管压力，使机车紧急制动。

4.4.13 无人警惕装置操作

当机车速度≥ 3 km/h，并且司机控制器的换向手柄不在“0”位时，无人警惕装置的功能被激活。

操纵端司机室的下列任一操作均可复位无人警惕功能：

① 警惕开关操作，包括无人警惕按钮 SB95（SB96）和无人警惕脚踏开关 SA101（SA102），如图 4-15 所示。

② 高音风笛按钮操作，如图 4-16 所示。

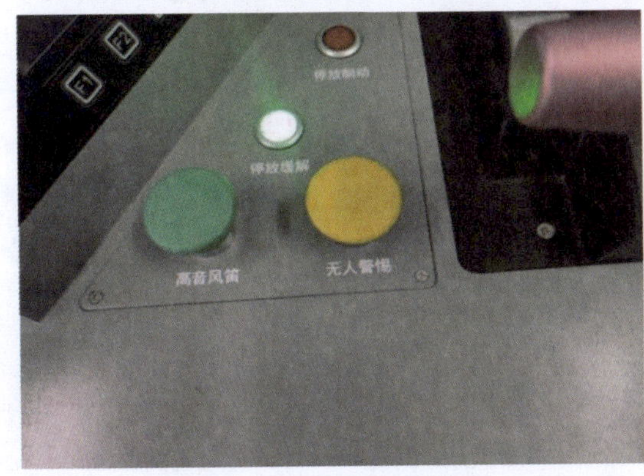

图 4-15 无人警惕按钮

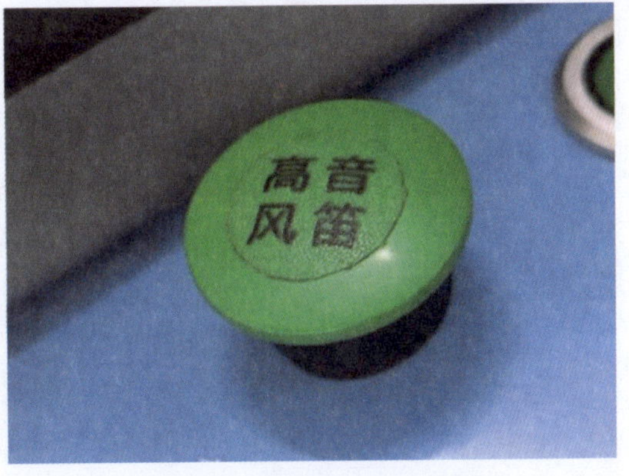

图 4-16 高音风笛按钮

③ 低音风笛脚踏开关 SA85（SA86）操作。

④ 撒砂脚踏开关 SA83（SA84）操作。

⑤ 司机控制器的级位转换，如图 4-17 所示。

⑥ 制动手柄的移动。

图 4-17　司机控制器的级位转换

无人警惕报警间隔周期为 120 s（原设计是 60 s），报警时间为 20 s（原设计是 10 s），报警结束后机车将实施惩罚制动；如果在 120 s 内司机无相应的复位操作，将点亮警惕指示灯，并同时进行声音报警，20 s 后实施惩罚制动。在机车实施惩罚制动前，司机均可复位警惕功能。

微机显示屏上设有无人警惕状态显示，具体如下。

① 无动作：黑色。

② 计时开始：绿色。

③ 计时 80 s 后：黄色闪烁。

④ 120 s 报警开始：红色闪烁。

⑤ 报警 20 s 后：红色，同时输出惩罚制动。

机车因无人警惕动作而实施惩罚制动后，微机显示屏将进行提示，同时机车控制系统记录相关信息。无人警惕具有隔离功能，通过微机显示屏上的软开关隔离进行隔离，机车控制系统记录故障信息“无人警惕隔离”；当无人警惕通过隔离开关恢复时，机车控制系统记录故障信息“无人警惕投入”。

4.4.14　结束运行操作

运行结束、离开机车前，需完成以下操作：

① 将调速手柄和换向手柄置“0”位，并延时断开主断路器 2 min，APU1 和 APU2 均运行，使各辅助系统充分冷却。

② 断开主断路器，降下受电弓。

③ 将司控器钥匙开关打“0”位，机车自动实施弹停制动和惩罚制动。

④ 将自阀手柄置重联位并用销子锁住，将单阀手柄置运转位。

⑤ 关闭操纵台上所有开关，取下机车钥匙。

⑥ 关掉低压电源柜的蓄电池开关 QA61。

⑦ 关闭总风塞门 A24。

4.4.15 无火回送处理办法

① 将司机控制器换向手柄置“0”位。

② 将单阀手柄置“运转”位，自阀手柄置“重联”位。

③ 实施停放制动，制动系统断电，确保列车管与车辆连接，将平均管开放。

④ 排放总风缸空气。

⑤ 排放辅助风缸空气，如排放停放制动风缸的空气。

⑥ 在 EPCU 的 ERCP 模块上将无火回送塞门转到“投入”位。

⑦ 缓慢开通列车管塞门，使总风缸被列车管充风到 250 kPa。

⑧ 机械缓解停放制动，自阀的紧急制动作用仍有效。

学习工作单

任务 4.4	HX$_D$3C 型电力机车驾驶之列车操纵		
学习小组		姓名	
✧ 学习工作 4.4.1　HX$_D$3C 型电力机车的起动操作			
✧ 学习工作 4.4.2　HX$_D$3C 型电力机车司机控制器调速手柄的操作			
✧ 学习工作 4.4.3　HX$_D$3C 型电力机车的准恒速运行			

（扫描二维码，学习更多内容）

任务 4.5　HX_D3C 型电力机车应急故障处理

布置任务

- 了解 HX_D3C 型电力机车故障处理注意事项。
- 掌握 HX_D3C 型电力机车无火回送设置。
- 掌握 HX_D3C 型电力机车主断路器无法闭合处理方法。

相关资料

4.5.1　HX_D3C 型电力机车故障处理注意事项

① 机车发生异常时，首先确认微机显示屏给出的信息提示，按其提示进行处理。

② 处理装有电容装置的故障时（如变流柜、列车供电柜），必须在确认电容电压降至安全值后方可操作。

③ 空气断路器常用位置有闭合位、断开位、跳闸位（保护装置动作后的位置）。具有跳闸位的断路器动作后，需要先进行复位操作，之后才能将其闭合（先断开，再闭合）。

④ 机车风源系统各塞门开关的位置以阀芯刻线（凸台）为准。

⑤ 需要停车处理故障时，应避开分相区，或选择停车再开，可通过分相区地点停车（遇弓网故障时除外）。

4.5.2　HX_D3C 型电力机车无火回送设置

设置无火回送前必须采取防溜措施，无火回送设置由 I 端司机室开始，步骤如下。

① 两端自阀手柄置重联位并插入定位销，单阀手柄置运转位，如图 4-18 所示。

图 4-18　司机控制器操作手柄位置

② 断开制动柜电源开关 QA50、蓄电池开关 QA61，如图 4-19 所示。

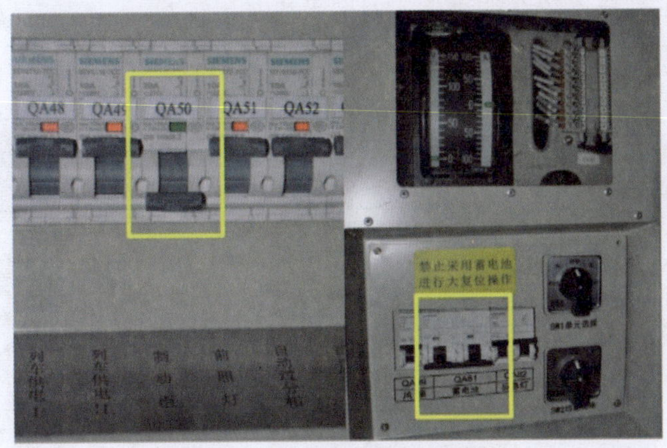

图 4-19　断开 QA50 和 QA61

③ 关闭总风缸隔离塞门 A10（绿色），开放第二总风缸排水塞门 A12（黄色），将压力排至 250 kPa 左右，如图 4-20 所示。

④ 关闭弹停制动塞门 B40.06（右上），ERCP 模块无火回送塞门置“无火回送”位（左下），如图 4-21 所示。

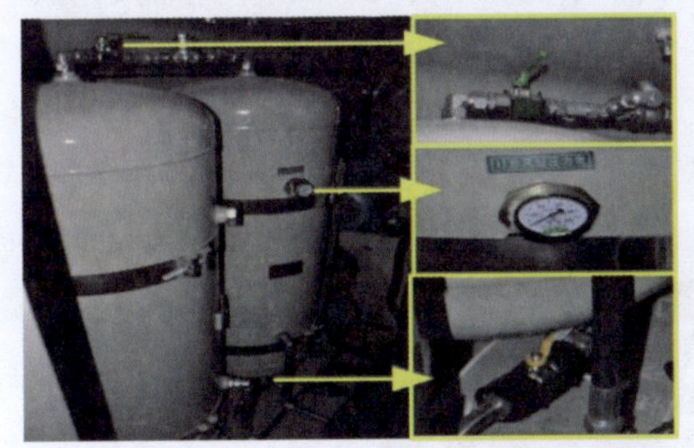
图 4-20　关闭 A10，开放 A12

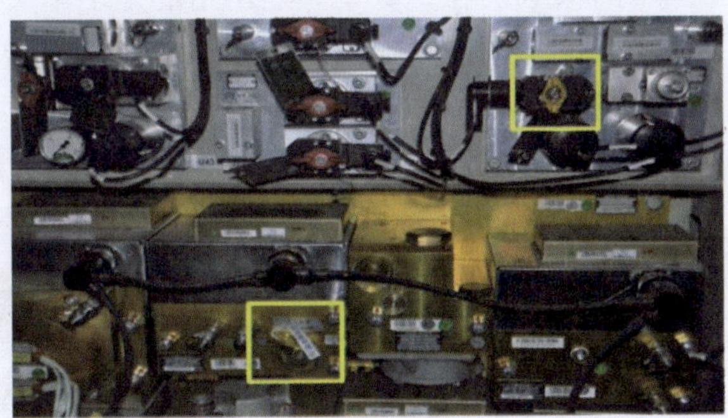
图 4-21　关闭 B40.06，并将无火回送塞门置“无火回送”位

⑤ Ⅱ端司机下车，确认两侧制动指示器显示状态并缓解弹停制动（1、6 轴），如图 4-22 所示。手动确认制动夹钳有间隙。

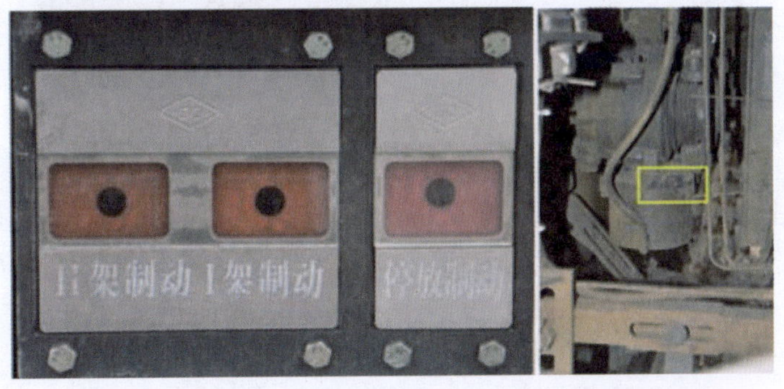

图 4-22　确认制动指示器显示状态并缓解弹停制动

⑥ 开放Ⅱ端副司机侧平均管塞门，如图 4-23 所示。

⑦ 本务机车连挂后撤除防溜措施；对回送机车进行制动、缓解试验，确认制动系统作用良好后进行滚动试验，如图 4-24 所示。

图 4-23　开放Ⅱ端副司机侧平均管塞门

图 4-24　确认制动系统作用良好

4.5.3　HX_D3C 型电力机车小复位

进行小复位操作时可不停车，但需要注意速度和分相区。下面介绍两个车厂生产的机车的小复位方法，其中大连厂指的是中车大连机车车辆有限公司，二七厂指的是中车北京二七机车有限公司。

1. 大连厂

① 遇 CI 故障（未跳主断）时，将调速手柄置“0”位，按压“微机复位”按钮 SB61（SB62）不少于 3 s，如图 4-25 所示。

图 4-25　CI 故障小复位操作

② 当发生主断路器异常、原 / 次边过流、TCMS 异常故障时，将调速手柄置“0”位，分断主断路器，降下受电弓，按压“微机复位”按钮 SB61（SB62）不少于 3 s。TCMS 重启后，升起受电弓，闭合主断路器，如图 4-26 所示。

2. 二七厂

遇 CI 故障时，将调速手柄置“0”位，分断主断路器；按压“微机复位”按钮

SB61（SB62）不少于 3 s。

▶注意：当 CI 故障复位无效时，应采取隔离措施。

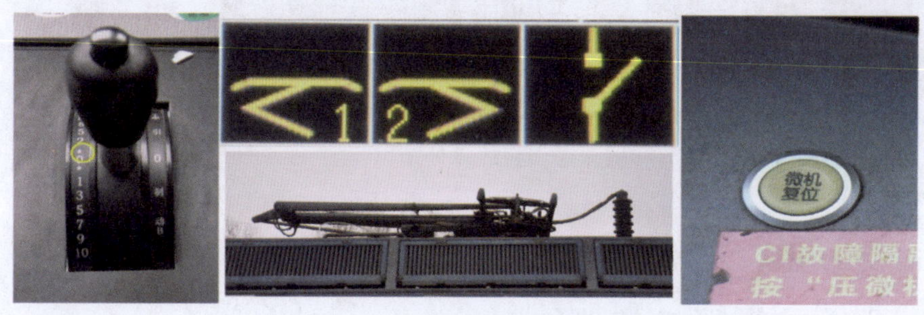

图 4-26　其他故障小复位操作

4.5.4　HX_D3C 型电力机车大复位

如果小复位无效并导致停车的故障，将调速手柄置"0"位，在适当地点停车，分断主断路器，降下受电弓；断开大复位开关 QA70 不少于 30 s 后再将其闭合，如图 4-27 所示。

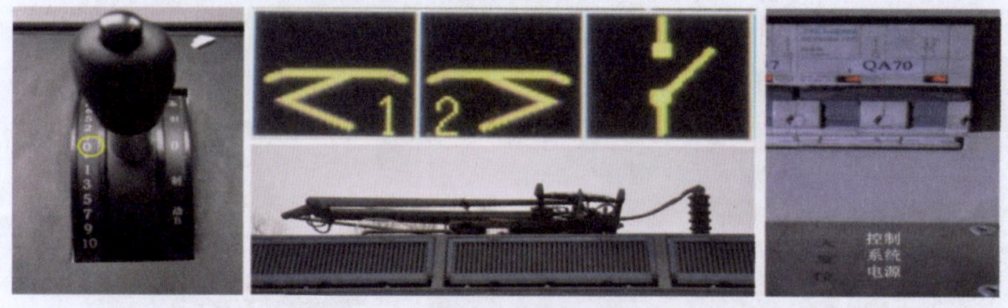

图 4-27　大复位操作

▶注意：无大复位开关的，使用蓄电池开关 QA61 复位，蓄电池开关如图 4-28 所示。

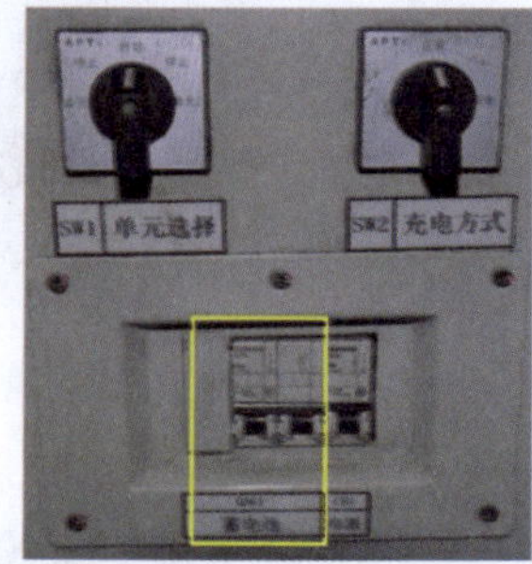

图 4-28　蓄电池开关

4.5.5　HX_D3C 型电力机车主断路器无法闭合处理办法

① 确认 TCMS 信息，按其提示处理。
② 确认调速手柄是否在"0"位。
③ 将两端紧急制动按钮置弹起位。
④ 确认库内试验开关 SA75 在正常位。
⑤ 切断自动过分相装置电源。
⑥ 确认过分相按钮状态。
⑦ 在风压正常情况下确认升弓模块 U43.14 在开放位。

主断路器无法闭合故障处理过程如图 4-29 所示。

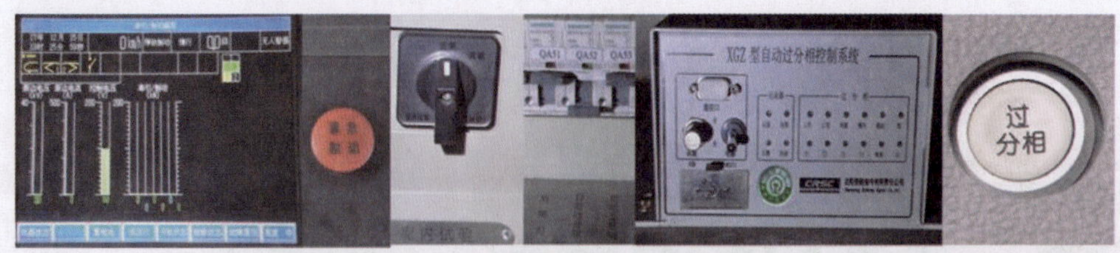

图 4-29　主断路器无法闭合故障处理过程

4.5.6　HX_D3C 型电力机车主断路器无法断开处理办法

① 过分相前主断路器无法断开时，立即降弓。

② 过分相后重新升弓。

③ 当无法升弓时，在适当地点停车进行大复位。

④ 当大复位无效时，请求救援。

4.5.7　HX_D3C 型电力机车运行中无法降弓处理办法

① 立即停车（或按压紧急制动按钮），并关闭升弓钥匙塞门 U99，如图 4-30 所示。

图 4-30　停车并关闭 U99

② 关闭故障受电弓的升弓塞门 U98，恢复升弓钥匙塞门 U99，换弓运行，如图 4-31 所示。

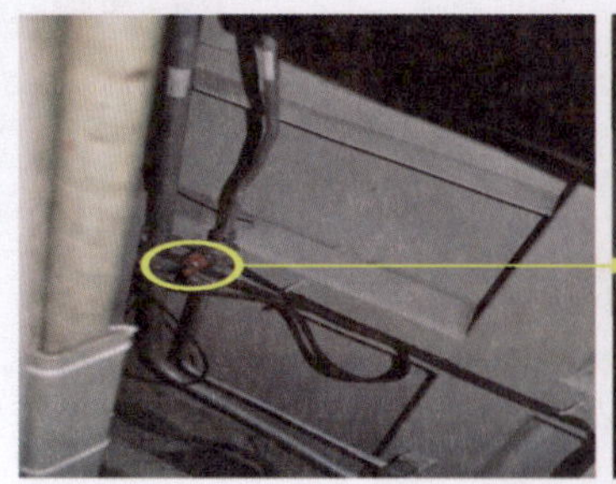

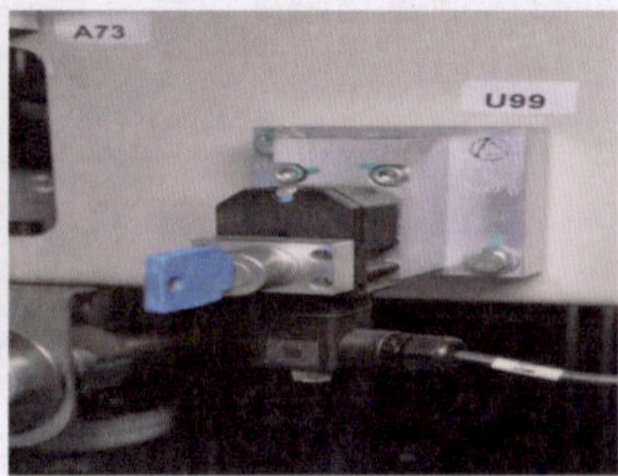

图 4-31　关闭 U98，恢复 U99

4.5.8 HX_D3C 型电力机车受电弓选择与隔离

此操作可不停车进行，先将调速手柄置“0”位，分断主断路器，降下受电弓，如图 4-32 所示。接下来的操作与车有关，分厂家介绍。

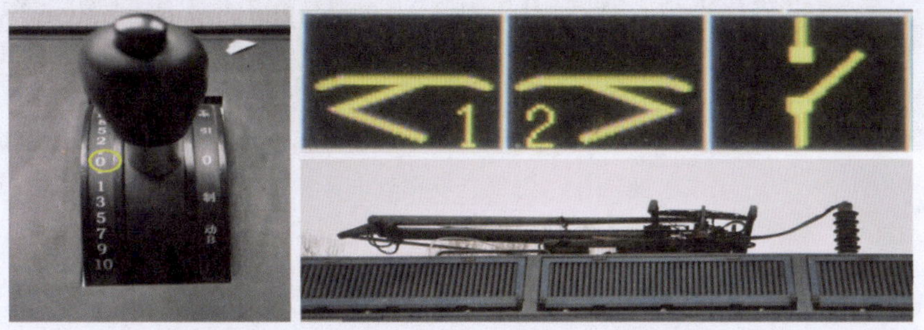

图 4-32 受电弓选择与隔离第 1 步操作

1. 大连厂受电弓

① 受电弓选择。操作“受电弓选择”开关进行受电弓选择，如图 5-33 所示。

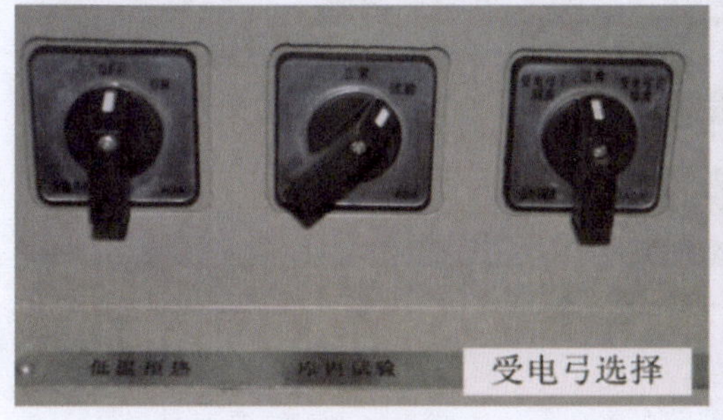

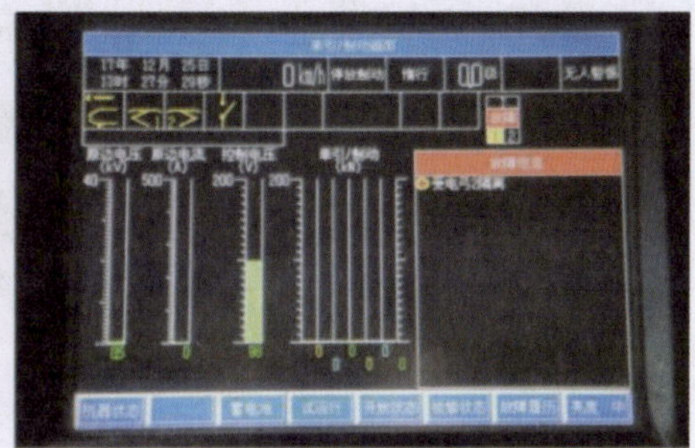

图 4-33 受电弓选择

② 受电弓隔离。将对应受电弓隔离开关置“隔离”位；确认高压隔离开关转换到位，微机显示屏显示受电弓隔离标识，如图 4-34 所示。

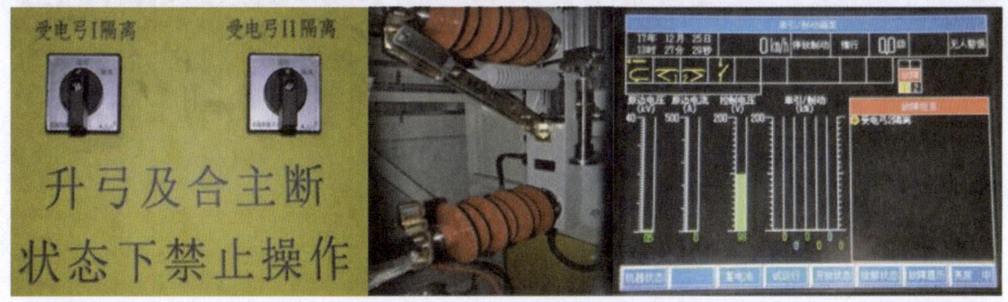

图 4-34 大连厂机车受电弓隔离

2. 二七厂受电弓

受电弓隔离开关置“Ⅰ隔离”或“Ⅱ隔离”位；确认高压隔离开关转换到位，微机显示屏显示受电弓隔离标识，如图 4-35 所示。

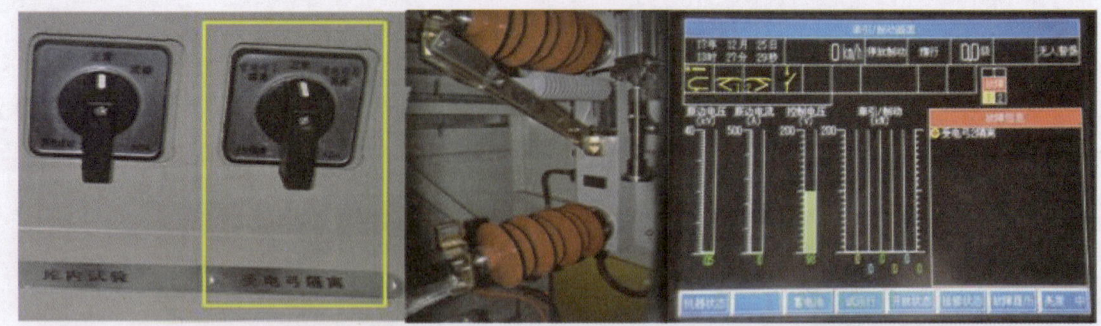

图 4-35　二七厂机车受电弓隔离

4.5.9　运行中遇网压突降为 0 处理办法

① 迅速分断主断路器，降下受电弓，立即停车，如图 4-36 所示。

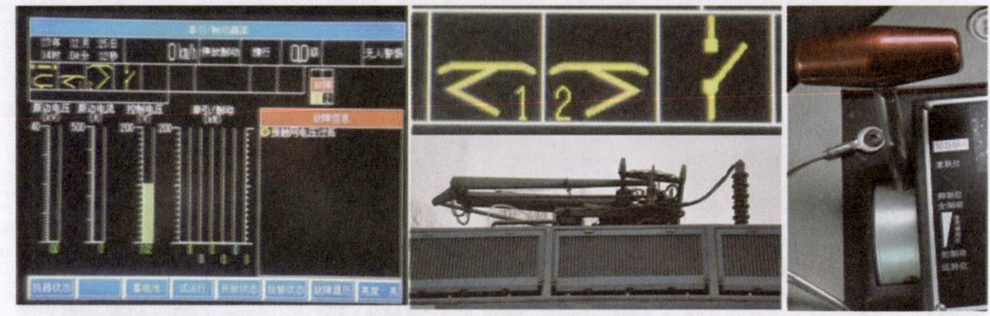

图 4-36　第①步操作

② 断合原边电压开关 QA1，如图 4-37 所示。

③ 当高压绝缘检测不良时，严禁升弓，如图 4-38 所示。

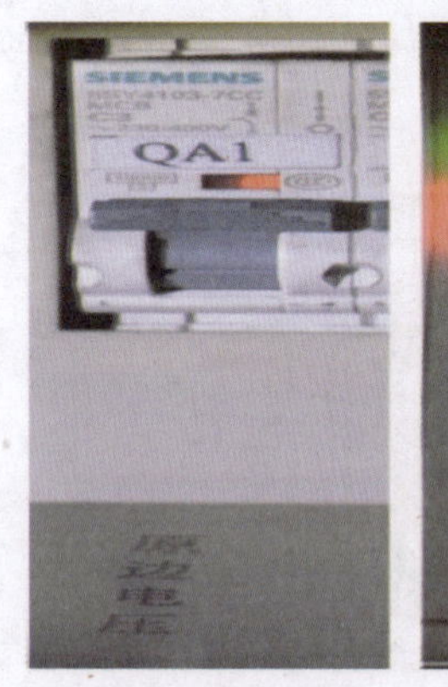

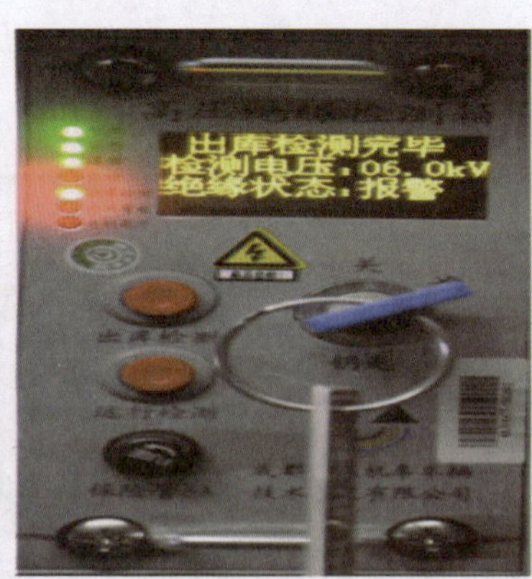

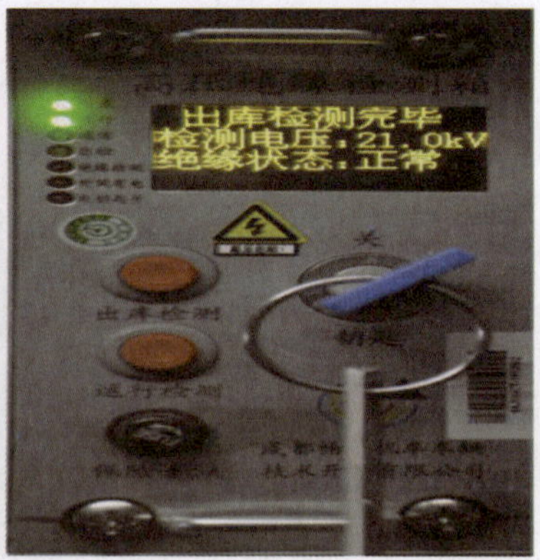

图 4-37 第②步操作　　图 4-38　第③步操作

④ 当弓、网异常时，立即报告。

⑤ 当弓、网正常时，隔离原受电弓运行。

⑥ 当长时间降弓时，断开不必要的负载（只保留监控、机车信号、电台、6A、司

机室照明），关闭升弓风缸塞门 U43.13、客车供风塞门。

⑦ 当蓄电池电压低于 77 V 时，请求救援。

4.5.10 HX_D3C 型电力机车运行中弹停动作且机车无功率输出处理办法

① 在适当地点停车，关闭弹停截断塞门 B40.06，手动缓解弹停制动（1、6 轴），如图 4-39 所示。

② 缓解机车制动，确认缓解状态良好，如图 4-40 所示。

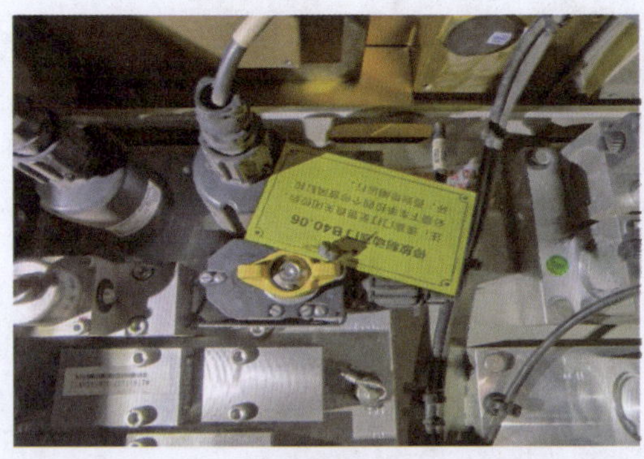

图 4-39 关闭弹停截断塞门 B40.06

图 4-40 确认缓解状态良好

③ 按压弹停缓解按钮，确认“停放制动”指示灯熄灭后恢复运行，如图 4-41 所示。

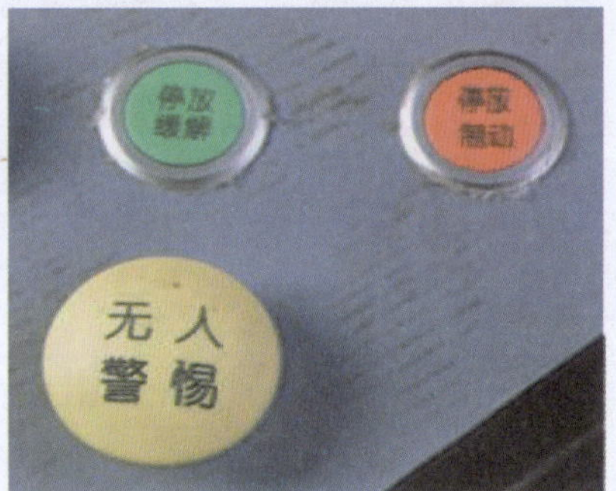

图 4-41 确认“停放制动”指示灯熄灭后恢复运行

4.5.11 HX_D3C 型电力机车无法加载处理办法

① TCMS 有无故障提示。

② 监控是否有卸载动作。

③ 弹停是否施加。

④ 总风压力不低于 600 kPa。

⑤ 制动系统是否惩罚制动。

⑥ 进行小复位、大复位。

⑦ 检查 QA46 是否断开、CI1～CI6 是否全部隔离。

⑧ 请求救援。

4.5.12 HX_D3C 型电力机车列车供电柜故障处理办法

① 断开列供钥匙，进行列供 A/B 组转换，如图 4-42 左图所示。

② 无效时，断开故障列车供电开关 QA48（QA49），维持运行，如图 4-42 右图所示。

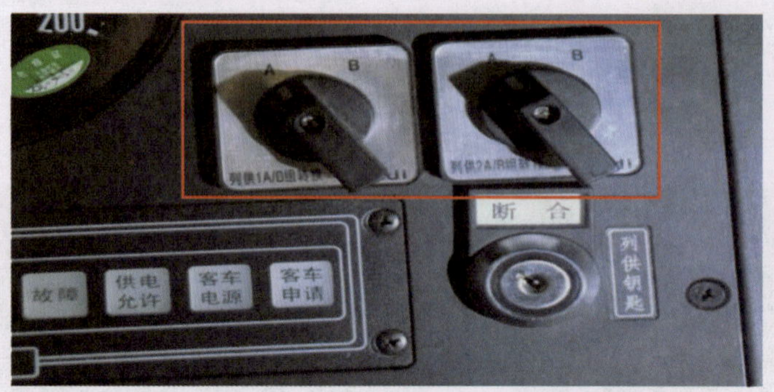

图 4-42 供电柜故障处理操作

学习工作单

任务 4.5	HX_D3C 型电力机车应急故障处理		
学习小组		姓名	
✧ 学习工作 4.5.1 HX_D3C 型电力机车故障处理注意事项			
✧ 学习工作 4.5.2 HX_D3C 型电力机车无火回送设置			
✧ 学习工作 4.5.3 HX_D3C 型电力机车主断路器无法闭合故障处理办法			

模块 5

HX_D3D 型电力机车

HX_D3D 型电力机车是在 HX_D3 型和 HX_D3B 型电力机车基础上研制的六轴 7 200 kW 干线快速客运电力机车，能够在中国全境范围内环境温度 -40～+40℃、海拔高度 2 500 m 以下的条件下运行，能实现 2 组机车重联控制运行。

HX_D3D 型电力机车是目前功率最高的新型电力客运机车之一，最高时速 160 km，凭借 7 200 kW 的功率，可轻松牵引 20 节的旅客列车，一次最多可输送 3 000 名旅客。由于不限于在铁路客运专线上行驶，HX_D3D 型电力机车可在全国所有的电气化线路上快速牵引直达和特快旅客列车，有效缓解了全路准高速机车运用的紧张状况，与 HX_D1D 型电力机车一起填补了交流传动大功率机车在准高速范围内实际运用的空白。

（扫描二维码，
学习更多内容）

任务 5.1　HX_D3D 型电力机车特性及主要设备布置

布置任务

- 了解 HX_D3D 型电力机车主要特点。
- 认识 HX_D3D 型电力机车主要技术参数。
- 认识 HX_D3D 型电力机车机械室设备布置。

相关资料

5.1.1　机车主要技术特点

① 轴式为 $C_0—C_0$，传动系统为交—直—交流电传动，采用 IGBT 水冷变流机组、1 200 kV 大转矩异步牵引电机，具有起动（持续）牵引力大、恒功率速度范围宽、黏着性能好、功率因数高等特点。

② 辅助电气系统采用 2 组辅助变流器，能分别提供 VVVF 和 CVCF 三相辅助电源，对辅助机组进行分类供电。该系统冗余性强，一组辅助变流器出现故障后可以由另一组辅助变流器对全部辅助机组供电。

③ 采用微机网络控制系统，实现了逻辑控制、自诊断功能，而且实现了机车的网络重联功能。

④ 总体设计采用高度集成化、模块化的设计思路，电气屏柜和各种辅助机组分功能斜对称布置在中间走廊的两侧；采用了规范化司机室，有利于机车的安全运行。

⑤ 采用带有中梁的、整体承载的框架式车体结构，有利于提高车体的强度和刚度。

⑥ 转向架（如图 5-1 所示）牵引电机采用二、三轴对置方式；驱动系统采用轮对空心轴驱动、刚性架悬方式；轴箱为承载式齿轮箱；牵引装置采用低位推挽牵引杆牵引。

图 5-1 转向架

⑦ 一体化多绕组（全去耦）变压器采用下悬式安装，具有高阻抗、重量轻等特点，并采用强迫导向油循环风冷技术。

⑧ 采用顶盖夹层进风、各系统独立通风冷却技术，还考虑了司机室的换气和机械间的微正压。

⑨ 采用了集成化气路的空气制动系统，具有空电制动功能。机械制动采用轮盘制动。

⑩ 采用了新型的空气干燥器，有利于压缩空气的干燥，降低了制动系统阀件的故障率。

5.1.2 机车主要技术参数

1. 牵引性能参数

传动方式：交–直–交流电传动。

持续功率：7 200 kW。

持续速度：80 km/h，最高速度：160 km/h。

起动牵引力：420 kN，持续牵引力（半磨耗轮）：324 kN。

恒功率速度范围：80～160 km/h。

2. 动力制动性能参数

电制动方式：再生制动。

电制动功率：7 200 kW（103.7～160 km/h）。

最大电制动力：250 kN（15～103.7 km/h）。

5.1.3 机车牵引特性

机车牵引特性控制采用了恒力矩准恒速特性控制方式，机车的司机控制器调速手柄在牵引模式下级位设定为 17 级，在电制动模式下级位设定为 10 级，级间能够进行平滑调节，每级速度变化为 10 km/h。

5.1.4 机械室设备布置

HX_D3D 型电力机车机械室设备布置情况如图 5-2 所示。

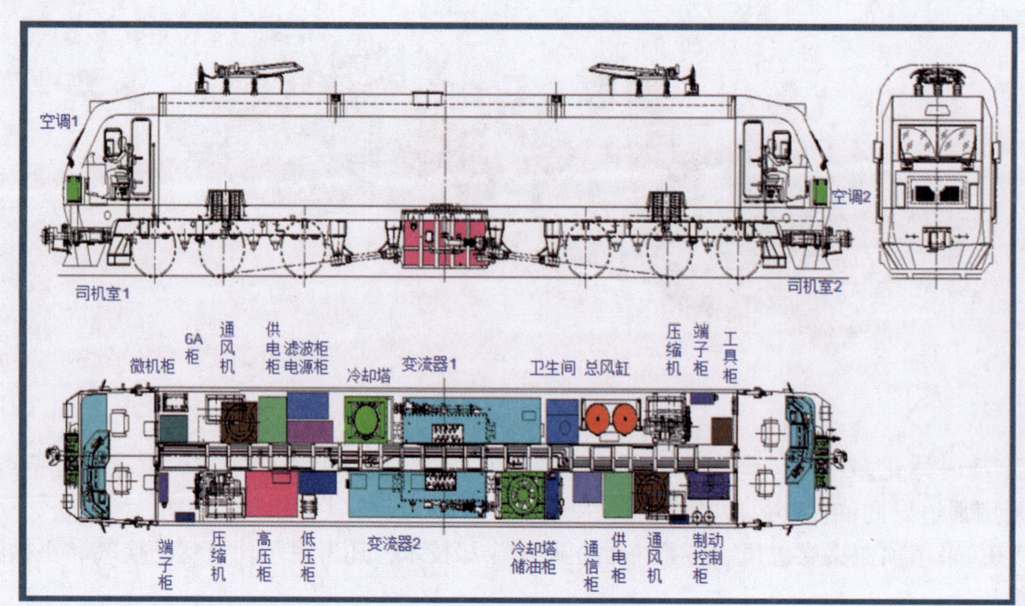

图 5-2 机械室设备布置

学习工作单

任务 5.1	HX_D3D 型电力机车特性及主要设备布置		
学习小组		姓名	
✧ 学习工作 5.1.1 HX_D3D 型电力机车的主要技术特点			
✧ 学习工作 5.1.2 HX_D3D 型电力机车的主要技术参数			
✧ 学习工作 5.1.3 HX_D3D 型电力机车机械室设备布置			

任务 5.2 HX_D3D 型电力机车操纵台认知

（扫描二维码，学习更多内容）

布置任务

- 了解 HX_D3D 型电力机车司机室设备布置。

相关资料

在司机室内设有操纵台、八灯显示器、司机座椅、紧急放风阀、灭火器等设备，如图 5-3 所示。

图 5-3 司机室设备布置

司机室操纵台前部设有空调装置，司机室顶部设有风扇、头灯、司机室照明设备等。司机室前窗采用电加热玻璃，窗外设有电动刮雨器，窗内设有遮阳帘，侧窗外设有机车后视镜。在操纵台上设有微机显示屏、ATP 显示屏、压力组合模块、司机控制器、制动控制器、备用闸、扳键开关组、制动装置显示器、冰箱、微波炉、暖风机、脚炉和膝炉。

学习工作单

任务 5.2	HX_D3D 型电力机车操纵台认知		
学习小组		姓名	
✧ 学习工作　HX_D3D 型电力机车操纵台主要设备名称及功能			

任务 5.3 HX_D3D 型电力机车驾驶之机车操作

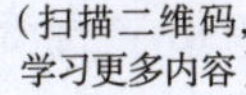

（扫描二维码，学习更多内容）

布置任务

- 了解 HX_D3D 型电力机车升弓控制。
- 了解 HX_D3D 型电力机车主断路器闭合控制。
- 掌握 HX_D3D 型电力机车各辅机起动操作。

相关资料

5.3.1 升弓控制

进入控制界面下的受电弓预选择界面，界面中共有 4 种受电弓预选择模式，通过操作相应的预选择模式来控制高压隔离开关，可以完成受电弓的预选择。对于单机运行，受电弓完全按预选开关的设定模式进行选择。受电弓预选开关一旦设定，就成为缺省模式，司机不需要每次上车都做选择。如果需要改变受电弓的升弓模式，应该在降弓状态下进行更改。

确认控制电器柜上的 CI 试验开关 SA75 在正常位，将受电弓扳键开关 SB41（SB42）置“升”位一次，如果机车辅助风缸压力低于 480 kPa，即压力开关 KP58 在断开状态，则机车辅助压缩机自动开始打风，待风压达到 735 kPa 时，辅助压缩机停止打风，将受电弓扳键开关 SB41（SB42）置“降”位一次后，再次置“升”位一次，受电弓升起；如果压力开关 KP58 在闭合状态，则受电弓直接升起。当受电弓升起后，操纵台上的网压表 PV1（PV2）可显示当前原边网压，同时微机显示屏上也有原边网压显示和受电弓升起指示。

▶ **注意：** 当辅助风缸压力不满足升弓要求时，也可在发出升弓指令之前，直接到空气管路柜前按下 SB97 按钮，使 KMC1 闭合，辅助压缩机 U80 直接起动，对辅助风缸打风。

5.3.2 主断路器闭合控制

将主断路器扳键开关 SB43（SB44）置“合”位一次，可听到主断路器闭合声，此时操纵台上的状态模块显示灯“主断分”灭，微机显示屏上同时显示“主断闭合”。

5.3.3 辅机起动操作

1. 定频定压辅助变流器的起动及对应辅机的供电

主断路器闭合后，辅助变流器 APU2 采用软起动方式投入运行，并以定频定压方式向压缩机、油泵、水泵、车体通风机、列供风机、辅助加热装置等供电。电源装置检测到 DC 750 V 直流输入电压后，自动启动，向机车提供 DC 110 V 控制电源。

压缩机设定为间歇运行模式，将主压缩机扳键开关 SB45（SB46）置于“合”位，当总风缸压力低于（680 ± 20）kPa 时，机车两台压缩机依次起动，投入工作；当总风缸压力低于（750 ± 20）kPa 时，只有非操纵端压缩机投入工作（即Ⅰ端为操纵端时，压缩机 2 工作；Ⅱ端为操纵端时，压缩机 1 工作）；当总风缸压力升至（900 ± 20）kPa 时，压缩机自动停止工作。如果将主压缩机扳键开关置于“强泵”位，两个压缩机将依次起动，一旦不受总风缸压力开关的控制，待总风缸压力升至（950 ± 20）kPa 时，高压安全阀动作并连续排气，压缩机停止工作，将主压缩机扳键开关扳离“强泵”位。

▶注意：压缩机的工作方式分为间歇式和连续式两种，通过微机显示屏进入“数据输入”界面，输入密码后再进入“其他设置”界面，可进行压缩机模式选择。间歇式为压缩机的常规运行模式，连续式主要是为了防止压缩机机油乳化、压缩机频繁起动等问题的发生，在间歇模式的基础上，增加压缩机的空载运行功能。压缩机空载运行时，只进行内部循环，不再向总风缸供风。

2. 变频变压辅助变流器 APU1 的起动控制

1）APU1、APU2 均正常时

机车升弓、合主断后，APU2 软起动，工作在 50 Hz 定频定压工况；APU1 根据“APU1 模式选择”开关的设定工作在某一工况。

“APU1 模式选择”开关在数据输入 - 其他界面中设置，有正常、25 Hz 和 50 Hz 三种选择。

① 正常。按照正常模式进行 APU1 的 VVVF 模式控制，即 APU1 由牵引电机温度、变压器温度、变流器冷却液温度共同控制，输出频率为 0 Hz、25 Hz、33 Hz、50 Hz，不再受控于换向手柄、调速手柄级位和列供投入。

② 25 Hz。此模式下 APU1 固定输出 25 Hz 频率。

③ 50Hz。此模式下 APU1 固定输出 50 Hz 频率。

2）APU1、APU2 任意一组故障时

APU1、APU2 任意一组故障时，另一组工作在 50 Hz 定频定压工况。

3. 充电单元选择

① 将电源装置面板的 SW1 选择开关由自动位打到单元 1，此时充电单元 1 工作，观察面板上的电压值和电流值，应在正常允许范围内。

② 将 SW1 选择开关由单元 1 打至单元 2，此时充电单元 2 工作，观察面板上的电压值和电流值，应在正常允许范围内。

③ 将 SW1 打至 Auto 位，单元 1 和单元 2 均投入工作。

4. 客车供电空载试验

机车安装有两台列车供电（以下简称列供）装置，用于牵引客车。进行客车供电空载试验时，需要对机车 DC 600 V 电源系统进行空载输出确认。因为每台列供柜含 A/B 两组微机，所以可通过操纵台上的“列供 1 A/B 组转换”和“列供 2 A/B 组转换”开关来进行选择。客车供电空载试验步骤如下：

① 将“列供 1 A/B 组转换”开关和“列供 2A/B 组转换”开关分别打“A”位。

② 将集控器故障隔离开关打“隔离”位。

③ 升受电弓，合主断路器，辅助变流器 APU1/APU2 投入运行。

④ 闭合操纵端列车供电钥匙 SA105（SA106），确认微机显示屏指示的供电电压为 DC（600 ± 30）V。

⑤ A 组试验完毕后，再将两个转换开关打至“B”组试验，步骤同上。

⑥ 试验完后，将集控器故障隔离开关打至“运行”位，将“列供 1A/B 组转换”和“列供 2A/B 组转换”开关均打至“0”位。

学习工作单

<table>
<tr><td>任务 5.3</td><td colspan="3">HX_D3D 型电力机车驾驶之机车操作</td></tr>
<tr><td>学习小组</td><td></td><td>姓名</td><td></td></tr>
<tr><td colspan="4">✧ 学习工作 5.3.1　HX_D3D 型电力机车升弓控制</td></tr>
<tr><td colspan="4"></td></tr>
<tr><td colspan="4">✧ 学习工作 5.3.2　HX_D3D 型电力机车主断路器闭合控制</td></tr>
<tr><td colspan="4"></td></tr>
<tr><td colspan="4">✧ 学习工作 5.3.3　HX_D3D 型电力机车各辅机起动操作</td></tr>
<tr><td colspan="4"></td></tr>
</table>

（扫描二维码，学习更多内容）

任务 5.4 HX_D3D 型电力机车驾驶之列车操纵

- 了解机车操纵注意事项。
- 了解列车起动前的准备工作。
- 掌握 HX_D3D 型电力机车操纵方法。

相关资料

5.4.1 机车操纵注意事项

1. 机车起动前应首先确认的事项

① 弹簧储能制动处于缓解状态。

② 总风缸压力达 750 kPa 以上。

③ 空气制动处于缓解状态，但在坡道起动等特殊情况下，也可以先施加起动牵引力，再缓解空气制动。

④ 接触网电压在 17.5～31.5 kV 之间，控制电压为 110 V 左右。

⑤ 辅助变流器机组工作正常，无故障。

2. 调速手柄操作注意事项

① 调速手柄从“0”位往牵引区移动时必须按下手柄头部的联锁按钮，如图 5-4 所示。手柄从“0”位向制动区移动时不存在此联锁关系。

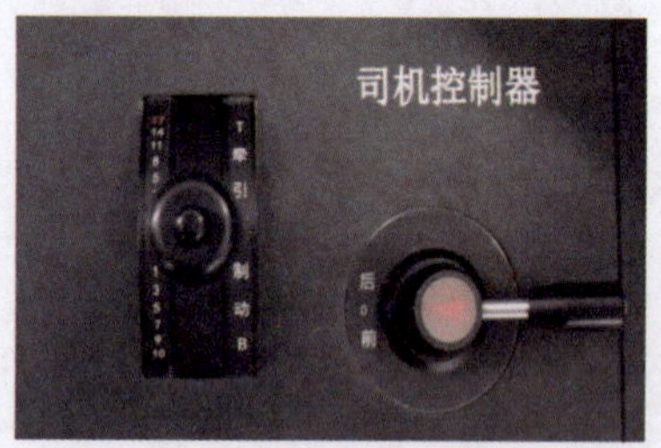

图 5-4　联锁按钮

② 列车起动时，提、回手柄必须在“1”位稍做停留后，然后再进行相应操作。

③ 提手柄时，要根据列车速度对应的级位设置手柄位置，防止因牵引力过大而产生冲动或超速。

④ 回手柄时，必须在“1”位稍做停留，之后再回“0”位。手柄回“0”位后，司机必须进行确认，防止因手柄位置错误造成电阻制动。

3. 机车换端操纵注意事项

机车换端操纵时，先将自阀手柄置全制动位并停留一段时间，确认制动管减压 170 kPa 后，将自阀手柄置重联位，将重联锁闭销插入；将单阀手柄置运转位，如图 5-5 所示。将换向手柄置“0”位，关闭操纵台各板键开关。换端后将操纵端单阀手柄置全制动位，将自阀手柄置抑制位停留 1 s 后移回运转位，确认均衡风缸、列车管压力恢复定压后，将换向手柄置“前”位。

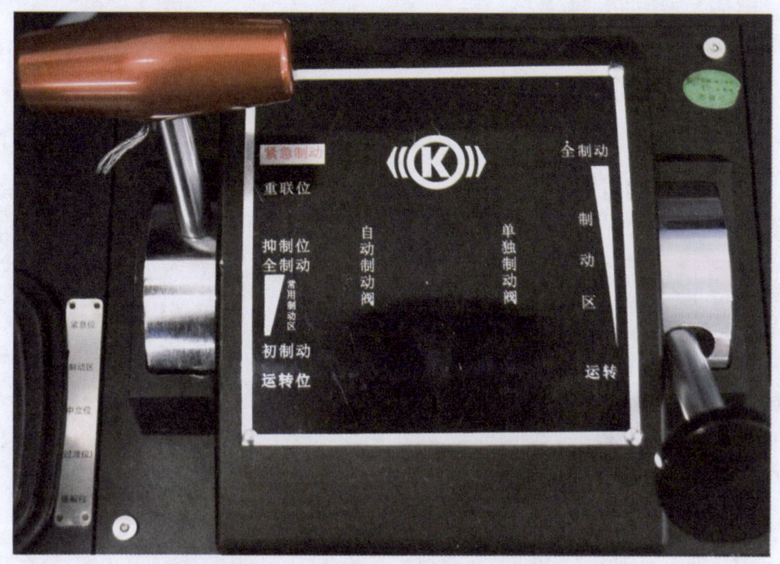

图 5-5 单阀手柄、自阀手柄的位置

机车操纵台上设置有停车位置按钮，使用该按钮可在不断开主断路器、降下受电弓的状态下进行换端操作。进入停车位置工况的前提是：

① 操纵端司机室被设定。

② 受电弓升起，主断路器闭合。

③ 司机控制器置“0”位。

④ 机车速度为零。

⑤ 机车一切正常。

满足以上条件时，按下停车位置按钮，机车进入停车位置工况。机车进入停车位置工况时执行以下动作：

① 控制系统自动投入弹停制动。

② 牵引变流器禁止功率输出。

③ 定频定压辅助变流器继续保持运行。

④ 控制系统发出升双弓的指令，机车升起双弓，满足司机换端要求。

乘务员换端操作要在 3 min 内进行，这期间机车钥匙可以拔出，微机控制系统继续保持换端工况下的运行模式，当司机进入另一端司机室，插入机车钥匙，并将其打至

"合"位后，按下停车位置按钮，可解除停车位置工况，机车自动选择后弓，前弓自动降下，弹停制动仍然有效，需要司机手动解除。如果在 3 min 内司机没有进行换端操作，微机控制系统会发出断主断、降弓指令，机车进入切断机车钥匙的状态。

5.4.2 机车起动前的准备工作

1. 钥匙、开关操作

① 将所有柜门关闭上锁，绿色钥匙全部插入机车钥匙箱，才可拔出黄色钥匙。

② 将黄色钥匙插入高压接地开关上，才可使高压接地开关打至正常运行位，蓝色钥匙才可拔出，完成高压安全联锁。

③ 将蓝色钥匙插入空气制动柜内的升弓钥匙塞门 U99，旋转钥匙开通升弓气路（此时该钥匙无法取出），为机车升弓做好准备。

④ 将低压柜上的电源模块转换开关 SW1 置于 Auto（自动）位，闭合低压柜中的蓄电池开关 QA61，低压柜上的控制电压表显示电压应大于 96 V。然后再将其他与机车运行相关的自动开关闭合，将各类开关打到正常运行位，做好控制电路的试验准备。

▶**注意：** 正常情况下，直流加热开关 QA60 和低温预热开关 SA71 不允许闭合，否则会对被加热设备造成损害，还有可能引起蓄电池亏电。仅当环境温度过低，机车各系统由于低温无法正常启动时才闭合直流加热开关 QA60、低温预热开关 SA71，同时闭合交流预热自动开关 QA26，此时机车使用蓄电池对机车电源装置、微机显示屏、APU1 及 APU2 预热。当机车可以正常起动并可以正常升弓、合主断后，就转由交流 110 V 电源对整车进行低温加热。

2. 机车网侧高压绝缘检测

① 机车出库前，将司机钥匙置"0"位，并将升弓钥匙塞门 U99 处的升弓蓝色钥匙拔出，插入 6A 柜内绝缘监测模块钥匙处，旋转至"开"位，绝缘检测装置启动，电源指示灯、运行指示灯显示为绿色，并开始自检，自检完成后自检指示灯（黄灯）闪烁后熄灭。

② 如果网侧电路带电，检测装置上部的外网有电指示灯（红色）常亮，则不能进行绝缘检测。

③ 如果网侧电路不带电，按下"出库检测"按钮，检测装置开始对机车网侧高压进行绝缘检测，此时绝缘检测指示灯（红色）闪烁，绝缘检测部件在绝缘检测完毕后，如果绝缘正常，绝缘检测指示灯（红色）熄灭，并将检测结果传送给司机室音视频显示终端显示；如果绝缘不正常，绝缘检测指示灯（红色）常亮，并以蜂鸣声提示，并将检测结果传送给司机室音视频显示终端显示。

知识链接

机车运行途中的网侧高压检测

遇机车在运行途中发生弓网故障，需要检测机车网侧高压绝缘状况时，按以下步骤进行：

① 在主断路器断开、受电弓降下后，将机车钥匙置"0"位，并将升弓钥匙塞门

U99 处的升弓蓝色钥匙拔出，插入 6A 柜内绝缘监测模块钥匙处，并旋转至“开”位，绝缘检测装置启动，电源指示灯、运行指示灯显示为绿色，并开始自检，自检完成后自检指示灯（黄灯）闪烁后熄灭。

② 如果网侧电路带电，则检测装置上部的外网有电指示灯（红色）常亮，此时不能进行绝缘检测。

③ 如果网侧电路不带电，按下“运行检测”按钮，检测装置开始对机车网侧高压进行绝缘检测，此时绝缘检测指示灯（红色）闪烁，绝缘检测完毕后，如果被检部件绝缘正常，绝缘检测指示灯（红色）熄灭，并将检测结果传送给司机室音视频显示终端显示；如果绝缘不正常，绝缘检测指示灯（红色）常亮，并以蜂鸣声提示，并将检测结果传送给司机室音视频显示终端显示。

3. 设置操纵端

将机车钥匙插入操纵台上的电源钥匙开关 SA49（SA50）处，并旋转至“合”位，机车操纵端即被设定。操纵台上的微机显示屏 PD41（或 PD42）为全触屏式显示屏，主屏界面可显示原边电压、原边电流、控制电压、机车牵引 / 制动力、列车供电电压 / 电流、司控器级位、机车速度等状态信息；主屏的右下方显示主断分 / 合、机车运行方向、受电弓、无人警惕等状态信息，并且还显示导向信息，当需要进行一些操作时，可按照导向信息的提示进行；主屏的左下方为故障显示区，当机车故障出现时，该区域显示相应故障信息，当同时出现多个故障时，优先显示故障等级高的故障信息，同等级故障时显示最先发生的故障信息。如果故障解除，故障信息立即消失。通过点按显示屏上相应的软按键，可进入相关状态界面，如机车信息界面、控制界面、空气制动系统界面、过程数据界面、数据输入界面、维护测试界面、事件履历界面等，可查看机车各电气设备的详细状态信息和故障状态信息。经过自检后，如果一切状态正常，状态指示灯中只有“微机正常”和“主断分”灯亮，表示机车已准备就绪。

▶**注意：**机车操纵端一旦设定，即使另一端的机车钥匙也打到“合”位，其操作也会被判定为无效，先插入机车钥匙的那一端仍为操纵端。

4. 机车静态试验

1）主断路器分合试验

① 将 CI 试验开关 SA75 置“试验”位。

② 在风压满足要求的状态下，将操纵端主断路器扳键开关 SB43（SB44）置“合”位，主断路器闭合，此时操纵台上的状态模块显示灯“主断分”灭，微机显示屏上同时也显示“主断闭合”。

③ 将操纵端主断路器扳键开关 SB43（SB44）置“分”位，主断路器应断开，此时操纵台上的状态模块显示灯“主断分”亮，微机显示屏上同时也显示“主断分断”。

2）牵引变流器静态模拟试验

① 将 CI 试验开关 SA75 置“试验”位。

② 进入微机显示屏过程数据 - 牵引 / 制动力界面，使调速手柄在牵引模式下由

“0”位逐级增加，直至最高级位（17 级），通过微机显示屏确认随着输出级位的增大，每个牵引变流器输出的牵引力是否也在逐级加大，直至达到最大值 70 kN。

③ 将调速手柄移至制动区，状态显示模块上的电制动灯应该变亮，通过微机显示屏进入控制－隔离界面，确认是否可以实施变流器和辅助变流器的隔离与恢复。

3）其他静态试验

① 将 CI 试验开关 SA75 置“正常”位。

② 进入微机显示屏维护－测试界面。该界面中有“主司控器试验”“起动试验”“零级位试验”“辅助电源试验”“显示灯试验”“无人警惕试验”“轮缘润滑试验”等试验项目。依次点按试验项目，分别按照微机显示屏提示信息进行试验。

5.4.3　机车起动

1. 机车起动前应确认的事项

① 弹簧储能制动处于缓解状态。

② 总风缸压力达 750 kPa 以上。

③ 空气制动处于缓解状态。在坡道起动等特殊情况下，也可先施加起动牵引力，再缓解空气制动。

④ 接触网电压在 17.5～31.5 kV 之间，控制电压为 110 V 左右。

⑤ 辅组变流器机组工作正常，无故障。

2. 换向手柄操作

① 将换向手柄打至“前”或“后”位。

② APU1 在变压器油温度、变流器冷却液温度、牵引电机温度的共同控制下投入工作，牵引风机及复合冷却器风机均以软起动方式开始工作，同时主变流器的充电接触器、工作接触器相继转为“起动”状态。

3. 调速手柄操作

① 将调速手柄推向牵引区，机车进入牵引工况，调速手柄可在 *～1～17 级位范围内任意选择，机车按照所选级位的牵引特性曲线实现恒力矩准恒速特性控制。

② 将调速手柄拉向制动区，机车进入制动工况，调速手柄可在 *～1～10 级位范围内任意选择，机车按照所选级位的制动特性曲线实现恒力矩特性控制。

4. 列车供电柜投入操作

列车供电柜输出 DC 600 V 电源时需满足以下条件：

① 将“列供 1 A/B 组转换”开关和“列供 2 A/B 组转换”开关分别打“A”位或“B”位。

② 机车与客车通信正常，即供电允许、客车电源、客车申请等信号正常，则操纵台状态模块上供电允许、客车电源、客车申请状态指示灯亮。

③ 机车升受电弓、闭合主断路器均正常，并且 APU 正常工作，并发出允许供电柜工作信号。

④ 操纵台上供电钥匙 SA105/SA106 置“合”位。

满足以上条件后，机车开始向列车送出 DC 600 V 电源，在微机显示屏主界面上可以观察到列供柜 1 和列供柜 2 的供电电压、供电电流等信息。进入数据过程－列车供电界面，可以观察到列供柜 1 和列供柜 2 的工作状态、输入输出电压、输入输出电流、列供系统累计送出的电能等信息。

▶注意：当换端操纵机车时，换端前需将“列供 1 A/B 组转换”开关和“列供 2 A/B 组转换”开关置“0”位。

5.4.4 机车准恒速运行

① 根据调速手柄的位置设定目标速度，按照准恒速特性来控制机车运行。

② 机车从速度范围的最低值开始运行，输出牵引力，直到达到目标速度。

③ 当机车速度接近设定的目标速度时，牵引力自动减小。

④ 当机车速度达到目标速度时，牵引力降为 0。

⑤ 当线路条件发生变化，机车速度降低时，机车开始再次牵引，以维持目标速度。

⑥ 当机车进入下坡线路时，机车速度上升，此时需要将调速手柄回零，并采取必要的措施，通过司机控制器或者自动制动控制器，施加制动力以调整机车速度。

5.4.5 动力制动操作

1. 注意事项

① 动力制动和空气制动不应同时作用于机车上。

② 当机车以一定的速度运行在下坡道或需要抑制机车速度时，司机应及时使用动力制动。

③ 调节手柄从“0”位推到制动位置时，动力制动开始。当机车实施动力制动时，操纵台上的电制动指示灯亮。

④ 机车具有恒制动力的电气制动特性，每个制动级位对应着一个固定的动力制动力值，该值不超过该速度下的最大动力制动力。

⑤ 机车具有空电联合投入与隔离功能、电空互锁功能，可通过微机显示屏进行模式选择。

2. 空电联合投入与隔离功能

① 空电联合投入。用自阀手柄实施常用制动时，机车实施动力制动，后边的车辆实施空气制动。电制动力可以通过不同方式获得（自阀手柄或调速手柄），数值较高者有效。如果此时动力制动失效，机车按照列车管减压量实施空气制动。当机车速度≤ 5 km/h 时，机车实施空气制动。

② 空电联合隔离。用自阀手柄实施常用制动时，机车实施空气制动，后边的车辆实施空气制动；当司机通过调速手柄追加动力制动时，机车实施动力制动，机车空气制动缓解，制动缸没有压力。

3. 电空互锁功能

机车实施动力制动时，司机可以通过单阀手柄使机车产生空气制动，当机车制动缸压力超过 90 kPa 时，动力制动被切除。

当司机先通过单阀手柄施加空气制动时，在机车制动缸压力达到 90 kPa 后，再追加动力制动，动力制动无法投入。

5.4.6 定速控制操作

当机车速度≥ 15 km/h，且机车未实施空气制动时，按下操纵端定速按钮 SB69（或 SB70）后，当前的机车运行速度被认定是“目标速度”，机车进入“定速控制”状态。

当机车在定速控制状态下运行时，TCMS 将根据定速模式下的牵引电制动特性，自动控制机车在牵引或电制动工况下的运行，并实现牵引工况和电制动工况的自动转换。以下操作可以使机车退出定速控制状态：

① 调速手柄级位变化超过一个级位以上。

② 再次按下操纵端定速按钮 SB69（或 SB70）。

5.4.7 过分相区操作

机车可以采用三种方式过分相区：全自动方式、半自动方式和手动方式。微机显示屏对全自动方式和半自动方式进行信息显示。

1. 全自动方式

只有当机车安装自动过分相装置时才能以此方式过分相区。自动过分相装置可通过检测地面埋设的信号来判断分相区的位置，并将处理后的信号传送给 TCMS，由 TCMS 自动完成过分相区时的减载、分主断和合主断动作，并自动恢复到过分相区前的运行工况。

2. 半自动方式

当机车接近分相区时，将司机控制器手柄回零，按下半自动过分相按钮 SB67（SB68），TCMS 自动分主断，待机车通过过分相区，TCMS 重新检测到网压后，自动合主断，司机操纵司机控制器加载，继续维持机车运行。

3. 手动方式

当机车接近分相区时，司机手动执行减载、分主断操作。待机车通过分相区后，司机手动执行合主断、加载等操作。

5.4.8 警惕操作

机车设置警惕功能，是为了实现在司机出现打瞌睡、离岗或因紧急伤病等情况丧失操控能力时，自动实施惩罚制动，保证机车安全运行。

当机车速度≥3 km/h，并且司机控制器的换向手柄不在“0”位时，无人警惕功能被激活。操纵端无人警惕按钮、警惕脚踏开关、撒砂开关、高音风笛按钮、低音脚踏开关、电笛按钮、主司控器级位、EBV（包括自阀、单阀）中任何一个的状态发生变化都可复位无人警惕功能。

无人警惕报警间隔周期为 60 s，报警时间为 10 s，报警结束后机车将实施惩罚全制动；如果在 60 s 内司机无相应的复位操作，警惕功能将点亮警惕指示灯，并在音视频显示终端发声进行声音报警，10 s 后实施惩罚制动。在机车实施惩罚制动前，司机均可复位警惕功能。

微机显示屏上设有无人警惕状态显示，具体如下。

① 无动作：黑色。

② 计时开始：绿色。

③ 计时 40 s 后：黄色闪烁报警开始。

④ 报警 10 s 后：红色闪烁，同时输出惩罚制动。

机车因警惕动作而实施惩罚制动后，微机显示屏将进行提示，同时 TCMS 记录相关信息。

无人警惕具有隔离功能，可通过微机显示屏上的软开关进行隔离（需输入密码），隔离后 TCMS 记录故障信息“无人警惕隔离”。无人警惕通过隔离开关恢复时，TCMS 记录故障信息“无人警惕投入”。

无人警惕具有静态测试功能，在微机显示屏上设置“无人警惕测试”按钮；当机车处于静态时，按动该按钮后，系统将进入测试模式。测试模式具备无人警惕的所有功能。

5.4.9 结束运行操作

运行结束、离开机车前，需要完成以下操作：

① 将调速手柄和换向手柄置“0”位。

② 断开主断路器，降下受电弓。

③ 将机车钥匙开关置“0”位，确认机车实施停放制动。

④ 关闭操纵台上所有扳键，取下机车钥匙。

⑤ 将自阀手柄置重联位，并插好固定销；将单阀手柄置运转位。

⑥ 关掉低压柜的蓄电池开关 QA61。

5.4.10 无火回送操作

1. 车上操作

① 将单阀手柄置运转位，将自阀手柄置重联位，如图 5-6 所示。

② 制动系统断电，即断开 QA50，如图 5-7 所示。

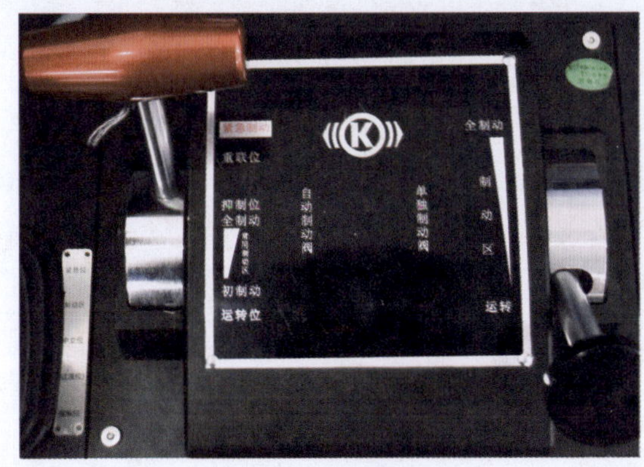

图 5-6 手柄位置

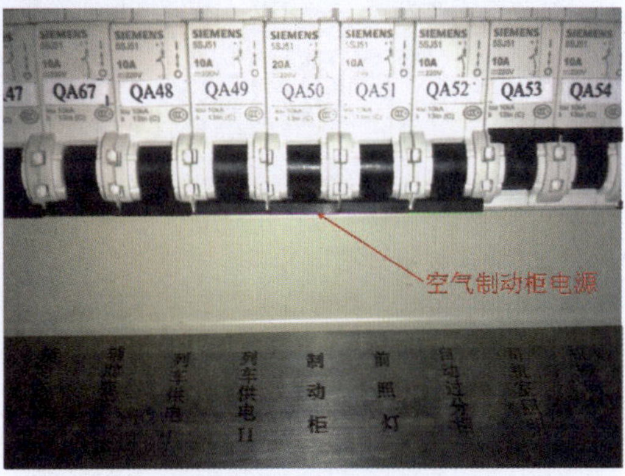

图 5-7 断开 QA50

③ 将 EPCP 模块上的无火回送塞门转到“投入”位，如图 5-8 所示。

图 5-8　无火回送塞门转到“投入”位

④ 关闭总风缸隔离塞门 A10（Ⅰ、Ⅱ风缸间）。

⑤ 排放总风缸空气，使压力降至 250～300 kPa。

⑥ 关闭停放制动控制塞门（B40.06），应有排风现象。

2. 车下操作

① 开放端部平均管塞门（两端共 4 个）。

② 连接制动软管，缓慢开放折角塞门，等待制动管压力升至定压。

③ 确认停放制动指示器为红色，制动指示器为绿色，手动缓解停放制动，并确认夹钳已缓解。

④ 本务机车进行制动与缓解操作，并确认无火机车与本务机车制动状态一致。注意，如果无火机车后连接有客车车辆，还需要连接总风重联管（客车供风管），开放折角塞门，等待总风缸压力升至 600 kPa，然后再关闭 A10。

3. 具体操作方法

① 先在操纵台手动投入弹簧停车，操纵台上停车制动灯亮。

② 关闭弹簧停车模块上的弹簧停车塞门，自阀手柄和单阀手柄置“运转”位。

③ 到车下手动缓解弹簧停车制动（将弹簧停车制动风缸上的拉杆用力往外拉，听到响声后即可）共四处（一、三轴和四、六轴共 4 个），缓解制动后确认闸瓦间隙。操作完成后操纵台弹停红灯不会熄灭，并且车下“蓄能制动牌”显示红色，属正常。

▶注意：闸瓦间隙需手动检查，并确保人身安全。

学习工作单

任务 5.4	HX_D3D 型电力机车驾驶之列车操纵		
学习小组		姓名	
✧ 学习工作 5.4.1 HX_D3D 型电力机车操纵注意事项			
✧ 学习工作 5.4.2 HX_D3D 型电力机车起动前的准备工作			
✧ 学习工作 5.4.3 HX_D3D 型电力机车操纵方法			

（扫描二维码，学习更多内容）

任务 5.5　HX_D3D 型电力机车应急故障处理

布置任务

- 了解 HX_D3D 型电力机车应急故障处理时的注意事项。
- 认识 HX_D3D 型电力机车常用切除功能基本操作。
- 掌握 HX_D3D 型电力机车常见故障应急处理办法。

相关资料

5.5.1　应急故障处理时的注意事项

① 处理故障前，必须将调速手柄及换向手柄置“0”位，断开主断路器。

② 机车在运行途中断开下列开关或断路器均会造成机车惩罚制动：

a）电源钥匙开关 SA49（SA50）；

b）微机控制 1、2 自动开关 QA41（QA42）；

c）制动柜电源开关 QA50；

d）司机控制 1、2 自动开关 QA43（QA44）；

e）机车控制自动开关 QA45；

f）蓄电池开关 QA61；

g）制动系统的控制电源 QA69。

③ 人为断开蓄电池开关 QA61 后，再重新闭合需要间隔 1 min 以上。

④ 断开蓄电池开关 QA61 之前，应正确处理好监控装置的操作。

⑤ 遇接触网停电或长时间处理故障时，应将不影响行车控制及安全的其他辅助脱扣开关断开，关闭不必要的用电设备以减小耗电量，并注意控制蓄电池电量的消耗情况，当电压下降至 88 V 时应及时联系相关部门指导处理。

5.5.2　常用切除功能基本操作

1）切除故障 CI 及 APU

在微机显示屏界面依次选择“控制”|“隔离”进入控制－隔离界面，可在此界面进行主、辅变流器的切除和投入，如图 5-9 所示。

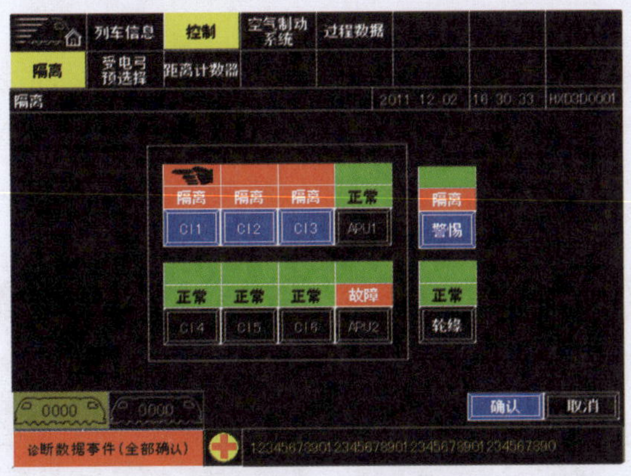

图 5-9　控制－隔离界面

2）切除故障受电弓

在微机显示屏主界面依次选择“控制”|“受电弓预选择”进入控制－受电弓预选择界面，进行升弓选择，如图 5-10 所示。

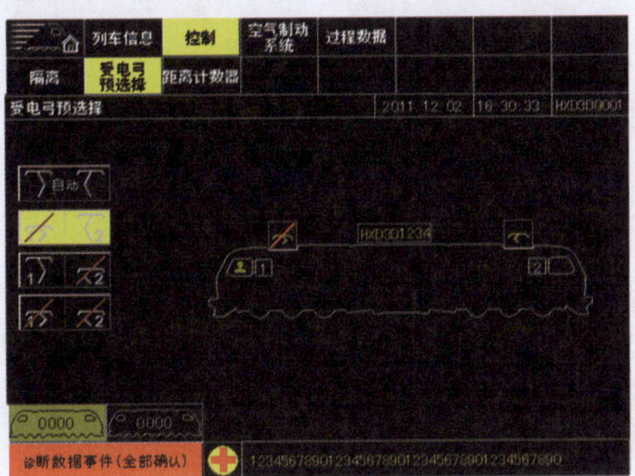

图 5-10　控制－受电弓预选择界面

3）切除故障 PSU 单元

当一组 PSU 故障时，系统会自动切换另一组 PSU 工作。如果不能自动切换，须人工手动扳键切换到另一组工作，如图 5-11 所示。

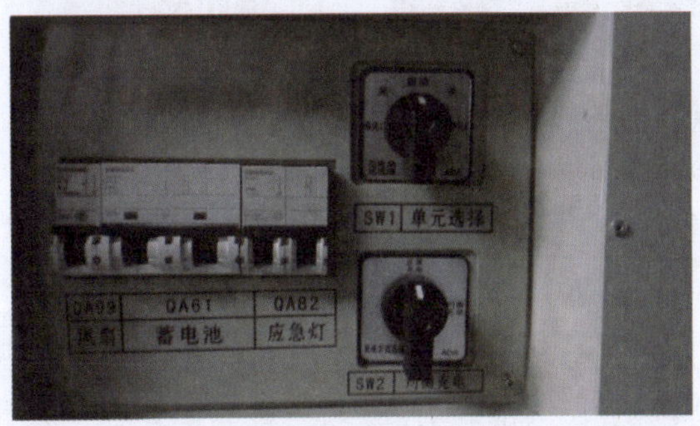

图 5-11　手动扳键切换 PSU 单元

4）备用制动手柄操作

备用空气制动系统为纯空气制动系统，只有在电空制动系统出现故障时才使用。备用空气制动系统由备用制动阀操纵，备用制动阀具有缓解位、中立位、制动位、紧急制动位。备用制动阀手柄向前推为常用制动或紧急制动，向后拉为缓解作用。备用制动阀操作如图 5-12 所示。

图 5-12　备用制动阀操作

5.5.3　备用空气制动投入的操作方法

① 切断 CCB Ⅱ 制动系统的控制电源 QA69。

② 将司机室内的备用制动转换塞门 AB1 或 AB2 打至备用位（与阀体垂直）。

③ 打开平均管塞门排空压缩空气，然后关闭平均管塞门（确认制机车动缸能够缓解）。

④ 将备用制动阀手柄置缓解位，列车管开始充风缓解。

整个操作过程如图 5-13 所示。

（a）步骤①

（b）步骤②

（c）步骤③

（d）步骤④

图 5-13　投入备用制动

▶ **注意：** 在转换过程中，应做好防溜措施，避免溜车。当机车由 CCB Ⅱ 空气制动模式转入备用空气制动模式后，机车可以继续牵引和实施电制动，同时微机显示屏的故障履历中会记录机车备用空气制动投入信息。

5.5.4 闭合蓄电池开关 QA61

① 在闭合上蓄电池开关 QA61 时，应注意 QA59 是否跳开，如遇 QA59 跳开，说明控制回路有接地现象，必须先排除故障。

② 机车电钥匙必须在闭合 QA61 后再插入并打到“合”位，以免影响微机控制程序，造成其他故障出现。

5.5.5 受电弓无法升起处理办法

① 确认总风塞门 A24（现场也称作制动柜总风阀门）在开启位，如图 5-14 所示。

② 检查总风缸压力表或控制风缸压力表，如果风压低于 480 kPa 时，使用“辅压机”按钮泵风至 735 kPa。辅压机按钮如图 5-15 所示。

图 5-14 总风塞门 A24

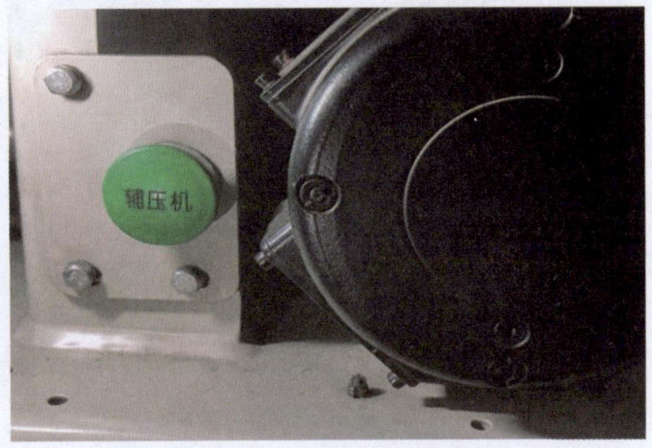

图 5-15 “辅压机”按钮

③ 蓝色钥匙应处于竖直位，如图 5-16 所示。确认空制状态栏受电弓栏变为绿色正常位。

④ 将升弓塞门置于阀体平行位置，如图 5-17 所示。

图 5-16 蓝色钥匙处于竖直位

图 5-17 升弓塞门

⑤ 检查受电弓预选择位置，不应在“1、2 弓隔离”位。

⑥ 检查压力开关是否动作，并通过 TCMS 确认，若压力表上有 350 kPa 左右的压力，很可能是压力开关故障，应急时可将插头拔下维持运行，但拔下插头后该受电

弓会出现不能隔离现象。如果受电弓仍无法升起，可换弓运行。压力开关如图 5-18 所示。

⑦ 检查升弓电磁阀状态，同时确认升弓阀板压力风表（如图 5-19 所示）有无压力显示，应急时可手动顺时针旋转升弓节流阀，人为增大进风量，如果仍无压力显示，多为升弓电磁阀或车顶快排阀故障，需要换弓运行。处理升弓电磁阀后司机回段必须提票处理。

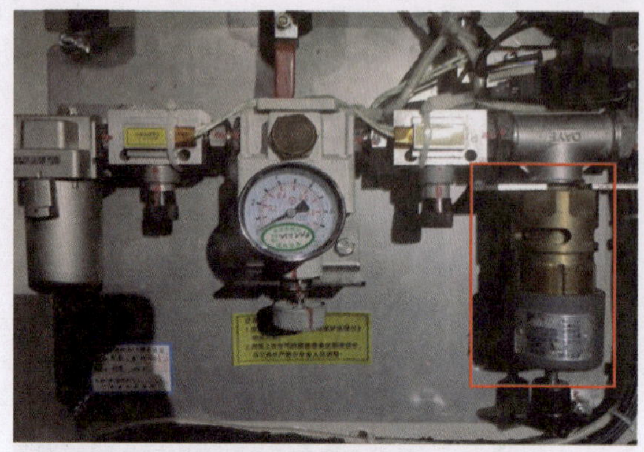

图 5-18　压力开关

图 5-19　升弓阀板压力风表

5.5.6　受电弓无法降下处理办法

1. 升弓电磁阀问题

降不下受电弓主要是升弓电磁阀失电，或者是升弓电磁阀没有将受电弓里的风排出。一般情况下可将管路柜上的蓝色钥匙转 90°，将钥匙拔出后受电弓可降下，但也有降不下来的时候。有时即使断了蓄电池总开关，受电弓还是降不下来，其原因是升弓电磁阀卡滞了，受电弓里面的排风通路堵死，气无法排出。解决办法是用木柄等硬物敲击升弓电磁阀，能听到电磁阀排风声音，受电弓就降下来了。

2. 电气问题

在微机显示屏上查看 451（452）颜色状态，在降弓开关 514（614）颜色变绿后，451（452）颜色如果是绿颜色，说明微机故障，在条件允许的情况下，可进行一次大复位，如果大复位后问题仍存在，则可能是微机主机故障。

3. 机车重联插座问题

检查 4 个机车重联插座，确保插头内无水等导电物质且干净。如果有导电物质，会使插座内部分插针非正常导通，使机车处于重联状态。重联状态下的机车，不受任何指令控制，受电弓自然也无法下降。

5.5.7　运行途中受电弓非正常降下、跳主断处理办法

① 立即停车，检查弓网状态。此时控制柜上原边电压开关 QA1 应在闭合位，通过电表确认有无感应网压，并利用 6A 车顶高压绝缘检测装置对车顶绝缘进行检测，如图 5-20 所示。

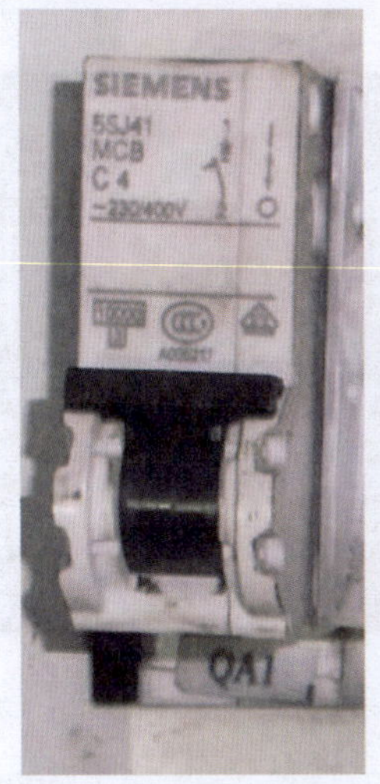

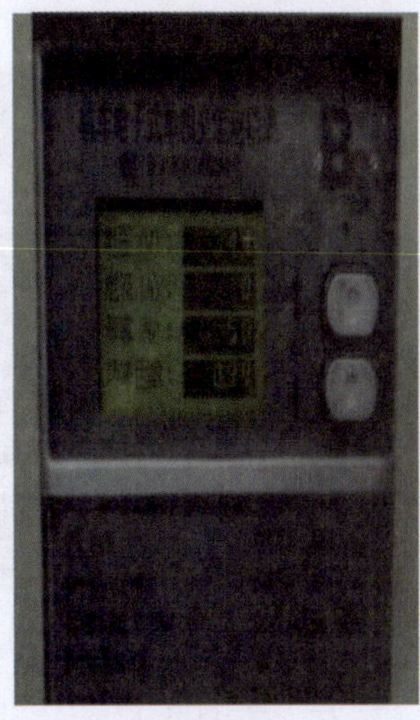

图 5-20　确认 QA1 的位置及网压

② 满足再次升弓条件时，操作控制柜上“受电弓预选择”开关，在微机显示屏上隔离故障受电弓，升另一受电弓，维持运行，如图 5-21 所示。

③ 有条件时，检查压力开关是否动作，通过 TCMS 确认（在信号信息画面查看 448 或者 449 是否得电，正常时受电弓升起后为断电），若压力表上有 350 kPa 左右的压力，多为压力开关故障，应急时可将插头拔下维持运行，如果仍无法升弓则换弓运行，如图 5-22 所示。

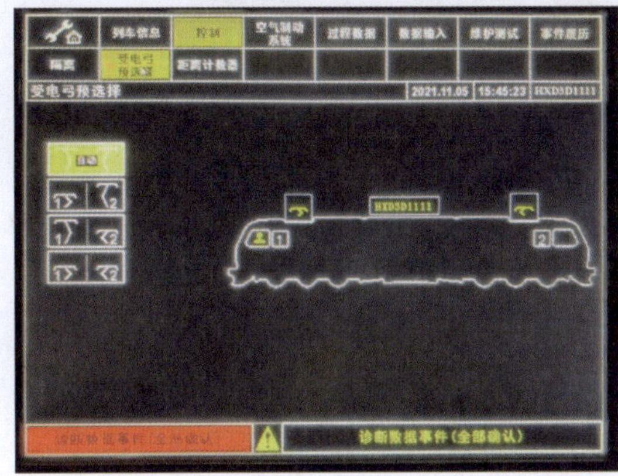

图 5-21　隔离故障受电弓

图 5-22　检查压力开关及压力表

5.5.8　主断路器合不上处理办法

① 合主断路器前确认调速手柄处于“0”位，如图 5-23 所示。

② 观察微机显示屏上是否出现故障提示（如图 5-24 所示），例如主变压器温度过高、主变压器压力释放阀动作、原边过电流引起继电器 KC1 动作等。若出现故障提示，则需要把故障问题处理后再闭合主断路器。

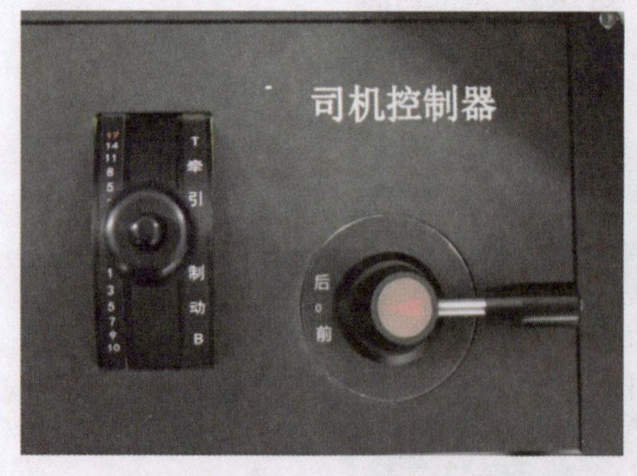

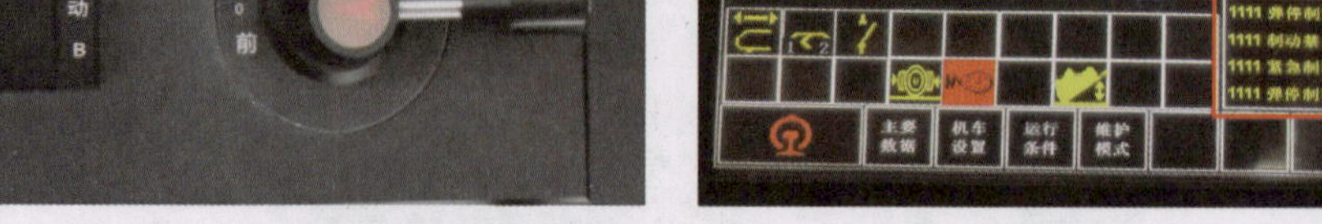

图 5-23　调速手柄处于“0”位

图 5-24　微机显示屏上的故障提示

③ 确认微机显示屏幕左上方是否显示“动力切除”提示（如图 5-25 所示）。如果存在此提示，则检查两司机室“紧急停车”按钮，应在弹起位。

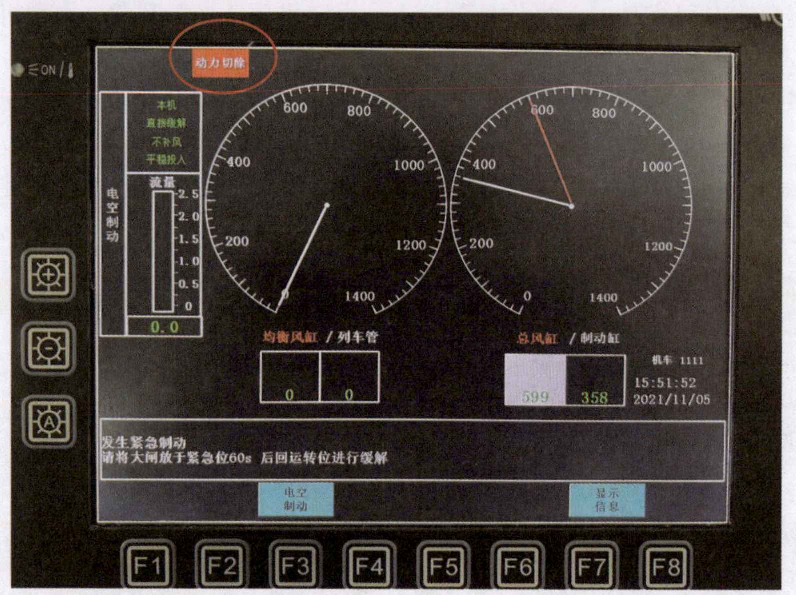

图 5-25　微机显示屏上的“动车切除”提示

④ 检查控制柜上 CI 试验开关 SA75 是否在“0”位。

⑤ 检查总风缸或控制风缸压力，如果压力低于 480 kPa，可使用辅助压缩机打风；如果风压高于 650 kPa，则不能闭合主断路器，应急时可将主断路器压力开关插头 KP58（如图 5-26 所示）拔下，再闭合主断路器，运行中密切关注风压。

⑥ 确认半自动过分相按钮 SB67（SB68）、自动过分相装置试验按钮（自复式）在弹起位。如果自动过分相装置故障，则关闭电源，手动过分相。图 5-27 是 GFX-3S（J）型自动过分相信号处理器。

图 5-26 KP58 插头

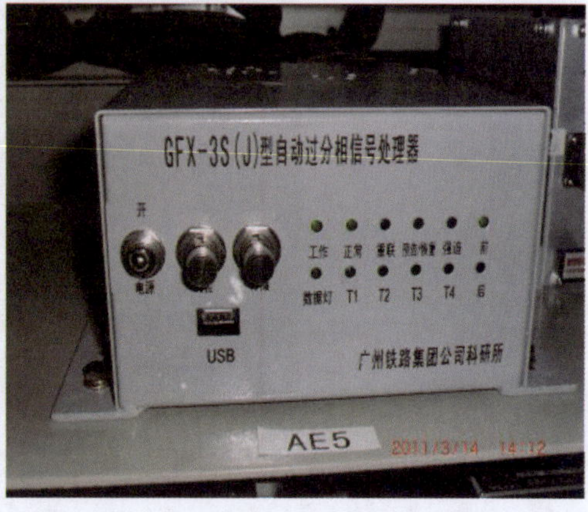

图 5-27 GFX-3S(J) 型自动过分相信号处理器

⑦ 自动过分相后，如果主断路器合不上，可手动闭合主断路器。

⑧ 确认主、辅库用开关处于正常位，可扳动复位几次。主电路库用开关如图 5-28 所示。

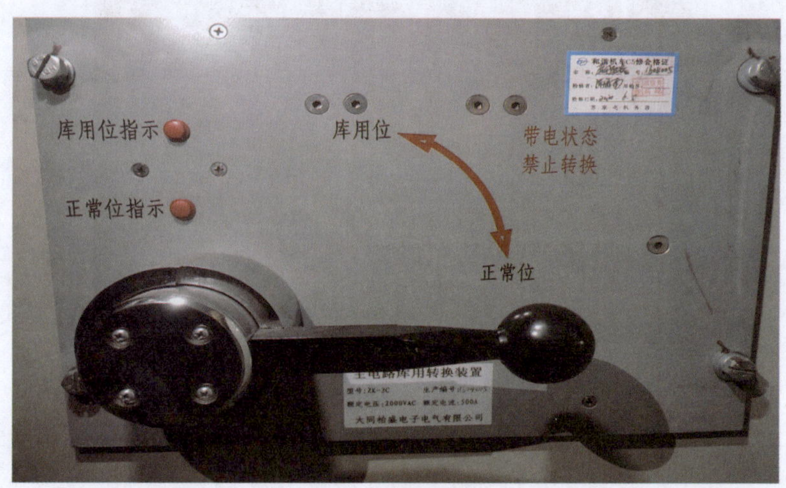

图 5-28 主电路库用开关

⑨ 如果按上述方法处理后主断路器仍不能闭合，若条件允许则维持运行进站，采用大复位的方法处理。

5.5.9 主断路器合上后立即断开处理办法

主断路器合上后立即断开，主要是分主断信号被送入微机中，使微机发出主断分命令，应检查以下各项：

① 检查网压，应高于 17.2 kV，低于 35 kV，如图 5-29 所示。

② 检查主断路器合、分开关，应无机械裂损、卡滞现象。

图 5-29　查网压

③ 检查微机显示屏，如果报故障，则按提示处理，如图 5-30 所示。

④ 检查主断路器压力开关插头 KP58 及其连线，如图 5-26 所示。

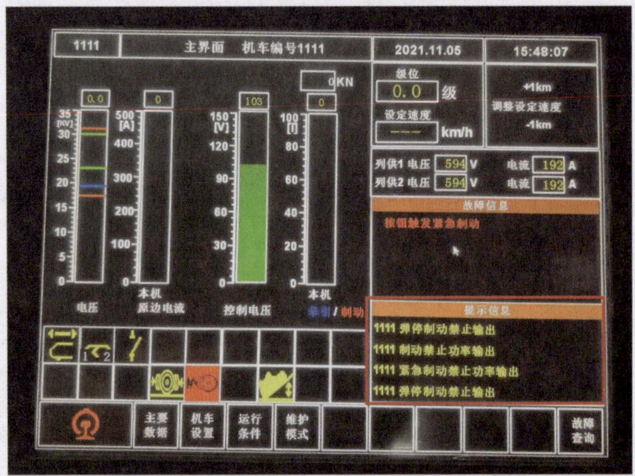

图 5-30　检查微机显示屏上的故障信息

⑤ 检查库内试验开关（如图 5-31 所示）及 434 号黑颜色线。

⑥ 检查主变压力释放阀 KP62（如图 5-32 所示）及 441 号黑颜色线。要定期检查其灵活性，并及时清理周边的油污等污物。

图 5-31　库内试验开关

图 5-32　主变压力释放阀 KP62

⑦ 检查接地开关 QS10 及 549 号绿颜色线。

⑧ 检查受电弓高压隔离开关 QS1、QS2 及 427、428 号线对应的微机显示屏设置颜色。两个开关应该都在运用位，427、428 线颜色应为黑色。

⑨ 检查主电路库用开关 QS3、QS4 及 542、642 号黑色线。

⑩ 检查辅机库用接触器 KM10（如图 5-33 所示）及 432 号黑颜色线。

⑪ 检查原边过流继电器 KC1（如图 5-34 所示）及 435 号黑颜色线。

⑫ 关闭自动过分相检测设备。

图 5-33 辅机库用接触器 KM10

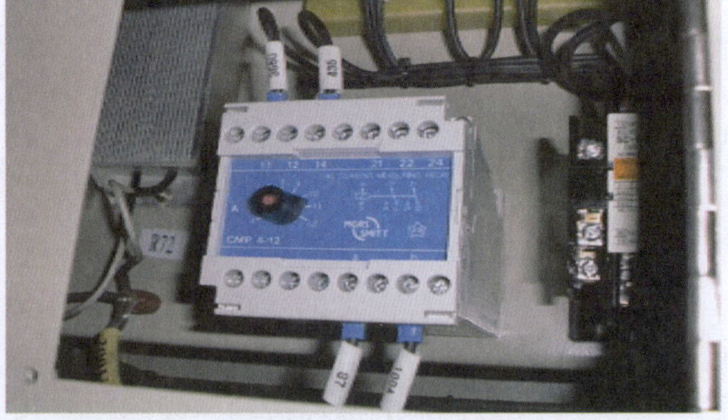

图 5-34 原边过流继电器 KC1

⑬ 在微机显示屏上查看并确认主变压器温度，应不超过 105℃。

⑭ 检查紧急制动开关及 806 号黑颜色线。

⑮ 按复位按钮后，能合上主断路器，但提手柄后即跳主断，这时微机显示屏会显示故障，应将相应的故障部件（如 CI1 等）切除，再按复位按钮，合主断路器，主断路器即能合上。

⑯ 检查布赫继电器是否有Ⅰ/Ⅱ级报警，634、644 号线应为黑颜色，如果途中Ⅱ级报警，可打开排气阀排气，直到有新油流出后再关闭阀门，并按复位按钮，复位不成功时可多次按该按钮，确认 634、644 号线为黑色后，便能合上主断路器。

▶注意：Ⅰ级报警在屏幕上有显示，Ⅱ级报警直接跳开主断路器。

⑰ 列供发出跳主断指令，切除相应的列供柜。

5.5.10 主断路器断不开处理办法

主断路器断不开，可能是主断器故障，也可能是微机故障。

① 在主断路器断不开时，如果主断灯颜色为绿色，VCB-ON 中间继电器吸合，说明微机没有送出断主断的指令，是微机的原因，可在适当的站停时间内对机车进行大复位，大复位后主断路器断不开现象可能消失。

② 如果运行中主断路器断不开，可采取降弓过分相的办法。第一次过分相如果来不及降弓，可以带电过分相；第二次过分相前，可采取断风源的办法，将管路柜上 U43-14 塞门关闭，或者用木柄轻击微机柜内 VCB-ON 中间继电器，如果能断开主断路器，则继续运行，如果还不能断开主断路器，则采取机车最轻载过分相方法，具体操作是：

a）在过分相前，主手柄回零，手动切除 APU1、APU2，可降弓过分相，也可不降弓过分相，具体由各机务段自行决定。

b）过分相后恢复 APU1、APU2，使机车维持运行。

③ 如果 VCB-ON 中间继电器的状态是断开状态，说明是主断路器主触头粘连，这时无论怎样处理也没有效果，只能带电过分相或降弓过分相，维持机车运行。

图 5-35　机车重联插座

▶注意：①如果主断路器一直断不开，不要急于断开蓄电池，要立即查找故障，蓄电池断开后，故障有可能会消失，不利于查找故障。

②检查 4 个机车重联插座（如图 5-35 所示），确保插头内无水等导电物质且干净。

5.5.11　主断路器异常处理办法

微机显示屏报主断路器异常故障是因为微机没有收到表示主断路器正常的主断路器辅助触点信号。其逻辑设定如下：主断路器闭合后，主断路器辅助触点闭合，431 线给出微机高电平信号，在微机显示屏过程数据 - 网络控制界面中能查看到 431 是绿颜色；主断路器断开，主断路器辅助触点也断开，431 线给出低电平信号，在微机显示屏中 431 是黑颜色，如图 5-36 所示。

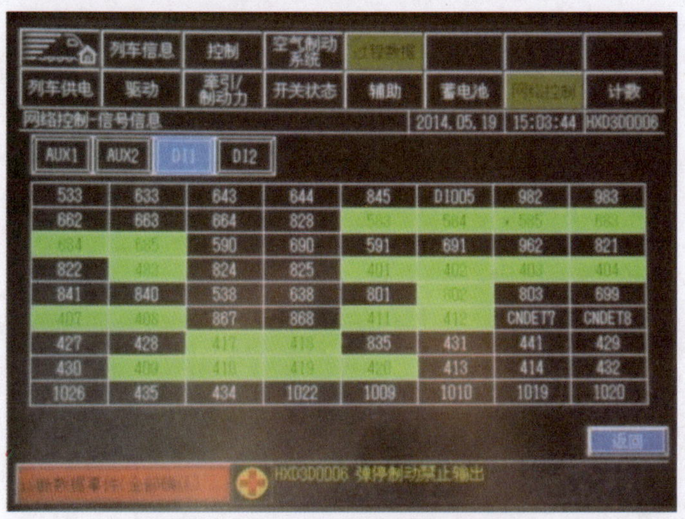

图 5-36　过程数据 - 网络控制界面

主断路器异常有两种：第一种是机车行车时，一直报主断路器异常，只有在过分相断开主断路器时，或人为断开主断路器时才不报故障。这种情况是微机一直没有收到 431 线的高电平信号，原因有两种，一是传输信号的线路断了；二是主断路器故障，即主断路器辅助触头故障。线路查找简单，办法是测量连接主断路器插头的 355 线，如果它不带 110 V 电，说明 355 线故障；如果带 110 V 电，则短接 355 与 431 线，短接后如果微机显示屏中 431 变绿色，说明 431 线路正常。如果短接后微机显示屏中 431 没有变绿，仍然是黑色，说明此处到微机的 431 线有故障。当短接 355 与 431 线时，如果微机显示屏中 431 变绿色，说明主断路器故障。

第二种是机车正常行车时不报故障，在过分相或断开主断路器时才报故障。故障也有两种情况，一是线路短路了，在 431 线中串接了 110V 的电源；二是主断路器故障，辅助触点一直闭合，431 线一直给微机送出主断路器闭合的信号。查找方法同上。

5.5.12 DC 110 V 电源装置不工作处理办法

① 观察充电装置实际工作是否正常，若不影响机车正常充电，则可维持运行，回段后再做相应处理。

② 断开主断路器确认 QA47、QA67、QA63 是否跳开，也可以重新闭合 QA47、QA67、QA63，然后再闭合主断路器，观察控制电压，显示 110 V 且不下降后，可继续运行。

PSU 装有外置转换开关，用外置转换开关处理此故障的方法如下：

① 断开主断路器。

② 将电源柜中的单元选择开关打至单元 1 或单元 2 运行，如图 5-37 所示。

图 5-37 单元选择开关

③ 闭合主断路器，观察控制电压，显示 110 V 且不下降后，可继续运行。

④ 如果单元 1、单元 2 两组充电装置都不工作，则需要采用大复位处理。

5.5.13 提主手柄无牵引力输出处理办法

① 确认总风缸压力，应在 600 kPa 以上，“停车制动”按钮灯灭。

② 牵引变流器控制单元 MPU1～MPU6 中，至少保证 1 台以上运转正常。

③ 微机显示屏中若有“动力切除”显示（如图 5-38 所示），则须确认非操纵端大闸是否在重联位、无人警惕装置是否动作。

④ 当微机显示屏显示“惩罚制动”时，大闸置抑制位 1 s，待惩罚制动消除后，继续运行，如图 5-39 所示。

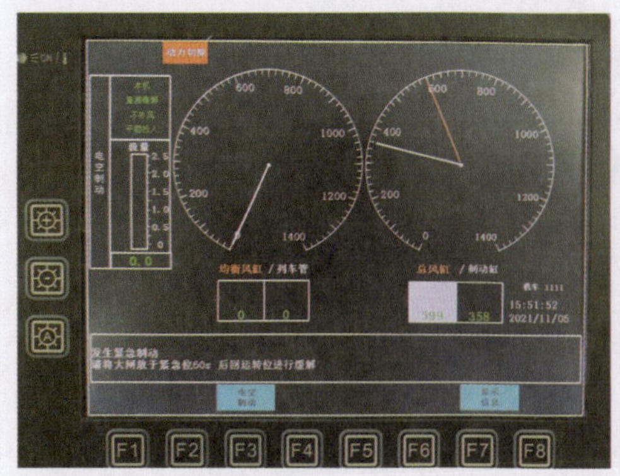

图 5-38　显示“动力切除”

图 5-39　显示“惩罚制动”和“动力切除”

⑤ 进入微机显示屏的过程数据 - 辅助界面，确认各风机、油泵、水泵起动是否完毕。确认风机全部起动后，按压复位按钮，再提手柄。还可通过微机显示屏开关状态确认 KM11、KM12 是否吸合。如果 KM11 不吸合，则切除 APU1；如果 KM12 不吸合，则切除 APU2，如图 5-40 所示。

⑥ 如果上述方法处理无效，应急时可将 KP60 插头拔下，重新提手柄试验，如图 5-41 所示。

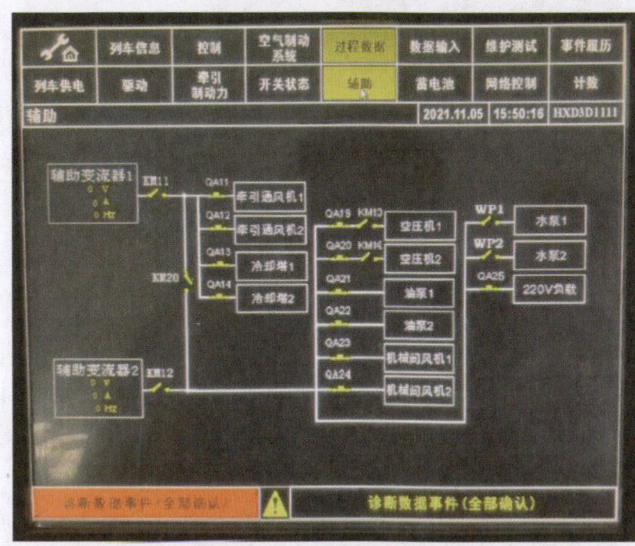

图 5-40　过程数据 - 辅助界面

图 5-41　KP60 插头

⑦ 如果过分相后加载无牵引力，可将主手柄回“0”位后重新加载，但要注意手柄的级位与机车速度是否相符。

⑧ 如果上述处理无效，应停车，采取断电大复位的办法进行处理。

5.5.14 空压机不工作处理办法

空压机有两种工作模式：间歇工作模式，同其他直流机车工作方式一样；延时工作模式，主要是为了防止机油乳化而设计的，当空压机需要频繁起动（如牵引客车需要大量风源）或发生轻微的机油乳化现象时，可以操作微机显示屏将空压机设置在延时工作模式。延时工作模式可以有效地减少由于空压机频繁起动而造成的对电机及机头的损害，同时可以减缓机油乳化现象。延时工作模式最主要的一个特点是：空压机打满风后，不停机，而是继续工作 20 min，但总风压力不会升高。当空压机不工作时，按以下办法处理：

① 自动不打风时，改用手动打风，维持机车运行。

② 自动、手动均不打风时，查看 QA19、QA20 状态，应为闭合状态，如图 5-42 所示。

③ 检查空压机油位是否正常、空压机有无漏油、空压机温度是否过高。

④ 初次起动时，在寒冷地带，由于气温过低，空压机不会起动，要用低温预热功能对空压机进行加热，当温度达到要求时，空压机才会起动。

图 5-42 QA19、QA20

当以上检查均正常时，要对电气信号进行检查，步骤如下：

① 手动闭合强泵扳键开关，在微机显示屏中查看 461、462 的颜色状态，应依次变为绿颜色，如果是黑颜色，说明微机没有给出让空压机工作的指令，没有满足空压机工作的条件。

② 在微机显示屏中查看 417、419、418、420 的颜色状态，应为绿颜色。其中，417 为空压机Ⅰ低温保护信号，419 为空压机Ⅰ温度、压力保护信号；418 为空压机Ⅱ低温保护信号，420 为空压机Ⅱ温度、压力保护信号。如它们的颜色为黑色，应处理相应的故障，首先检查空压机上的温度、压力开关的接线、插头，看是否接触牢靠。

③ 如果以上均正常，可以手动按压微机柜内的 COMP1 或 COMP2 中间继电器，如果能打风，基本能判定为微机故障，机车回段后更换微机主机。如果不能打风，则对机

车进行一次大复位，如果大复位后还不能打风，则寻求救援。

④ 如果空压机运行正常，只是不打风，而且不打风时间在 20 min 内，可能是因为将空压机设置为延时工作模式了，可以继续运用，也可以将其更改为间歇工作模式，更改工作模式后空压机便能打风。如果超过 20 min 还不打风，是微机没有输出 445（446）高电平信号或者相应的线路断了，应检查相应的线路，如果线路正常，则更换微机；如果更换微机后还不能正常打风，则更换微机继电器输出板。

▶注意：为防止损坏空压机，TCMS 自动控制空压机运行时间不超过 10 min，再次投入工作需间隔 20 min。

5.5.15 机车中高速运行时严重抖动处理办法

当机车从低速运行到中速时，或机车在高速时，若突然抖动严重，可按以下办法处理：

① 立即将调速手柄回零。

② 如调速手柄回零后抖动消失，机车正常，可再提手柄到原级位，查看 6 个电机的牵引力矩，如果其中一个力矩特别大，说明电机转速信号中断，由电机速度传感器故障或连接插头松动、线路断裂引起，这时应切除故障 CI，切除故障 CI 后机车再次加载，抖动就会消失，机车可维持运行。

5.5.16 辅助回路接地处理办法

HX_D3D 型电力机车对辅助接地在程序方面进行了优化，当出现辅助回路一点接地时，微机显示屏会报故障，但机车不会跳主断路器，机车可维持运行。

查找接地位置的方法：逐个断开各辅机空气开关，如果断开某个空气开关时接地故障消失，说明断开的那个辅机接地。故障找出后，按具体情况处理。

5.5.17 主变压器原边过流处理办法

如果机车在运行中出现主变过流并跳主断，需要查看故障记录，根据不同的故障记录，做出不同的处理。

1. 原边电流在 300～400 A 之间

可闭合一次主断路器。闭合主断路器时，观察网压，若无异常，可提手柄继续运行。当出现多次跳主断，并且每次都能合上主断路器，机车都能运行时，故障点为原边过流继电器 KC1（如图 5-43 所示），原因是 KC1 没有达到 800 A 时动作。

处理方法：打开控制柜后面方形的盖门，将 KC1 旋钮调至超过 12（10 对应 800 A），并用木柄轻轻敲击振动 KC1，目的是让触头间隙大一点。或拆除 435 号线，做好绝缘处理，也就是切除保护功能。此种方法需要乘务员格外注意观察机车，防止故障扩大化，可维持机车运行。

2. 原边电流在 800 A 以上

原因可能是原边过流继电器 KC1 保护动作，可闭合一次主断路器，提手柄，如果正常，可观察运行；如果一闭合主断路器就跳开，或者一提手柄就跳开，说明原边电路存在问题，应寻求救援。

3. 原边电流在 10 A 以下

可再闭合一次主断路器，在闭合主断路器的同时观察网压，如在主断路器合上的瞬间，网压由正常变为 0，并且跳主断，然后网压又由 0 变为正常，说明原边在闭合主断路器的时候短路，可使供电网接地并保护断电，2 s 后电网能自动恢复供电。

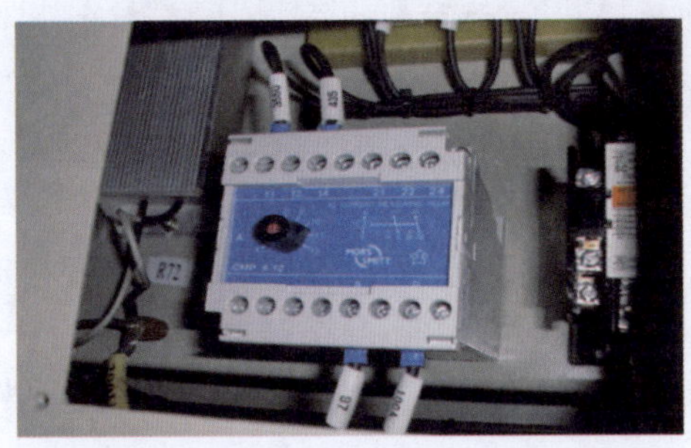

图 5-43　原边过流继电器 KC1

5.5.18　空压机打风、排风不止处理办法

空压机打风、排风不止分两种情况，一是刚打风就排风，二是打风到 900 kPa 左右时排风不止，处理办法如下：

① 刚打风就排风：多是干燥器故障，由干燥器上的电控阀故障或排泄阀故障引起，处理办法是将相应的空压机的空气自动开关断开，使用一个空压机维持运行。

② 打风到 900 kPa 左右时排风不止：一般为安全阀故障，处理办法是手动控制风压低于 900 kPa，或将与故障安全阀相对应的空压机的空气自动开关断开，使用一个空压机维持运行。

5.5.19　油泵故障处理办法

当两个油泵有一个故障时，先断合几次故障油泵的空气自动开关，如果能恢复则继续运行，此时 411、412 线正常，在微机显示屏中为绿颜色。

如果仍有故障，TCMS 检测到信号后会自动将相应的三组变流器隔离，即切除一个转向架的动力。

▶注意：当出现这种故障时，牵引、电制动力将降低一半。

5.5.20　油流继电器故障处理办法

① 当出现油流继电器故障后，主变流器 CI 检测到故障信号后会自动将相应的三组变流器隔离，即切除一个转向架的动力，此时 538、638 线正常，在微机显示屏中为绿颜色。

② 如果两个油泵正常运转，可将Ⅱ 号端子柜中的 538（XT71-34）与 355（XT71-6）线路短接；可将 I 号端子柜 638（XT63-80）与 355（XT62-11）线路短接（油泵 I 线号是 538，油泵Ⅱ线号是 638），短接后应注意观察油泵的运行情况，经常用手触摸两个复合冷却器的油温，油温正常时机车可维持运行。

5.5.21 牵引通风机故障处理办法

当一组牵引通风机故障时，可断合几次相应的空气自动开关，同时 TCMS 会自动将相应的三组变流器的 CI 切除，即切除一个转向架的动力。

▶注意：当出现这种故障时，牵引、电制动力将降低一半，此时微机显示屏中的 401、402 为绿颜色。

5.5.22 复合冷却器风机故障处理办法

当一组复合冷却器风机故障时，可断合几次相应的空气自动开关，同时 TCMS 会自动将相应的三组变流器的 CI 切除，即切除一个转向架的动力。

▶注意：当出现这种故障时，牵引、电制动力将降低一半，此时在微机显示屏中 407、408 为绿颜色。

5.5.23 微机显示屏报牵引电机过流、PG 输出异常处理办法

1. 牵引电机过流

运行中牵引电机过流时，微机显示屏会显示故障。

① 如果不跳主断，可将主手柄回零，按复位按钮，再提手柄就正常了。

② 如果跳主断，应将主手柄回零，按复位按钮，合主断，如果能合上主断，手柄能提到位，观察牵引电机牵引力，牵引力正常说明故障消除。如果合不上主断，或者提手柄后就跳主断，应立即隔离相应的变流器 CI，按复位按钮，然后才能合上主断。提手柄后如果机车有部分牵引力，机车可维持运行。在前方站停车时，检查电机输出端和自由端的温度，温度正常可继续运行，否则需要确定电机轴承状态。

2. PG 输出异常

运行中若出现 PG 输出异常，可将相应的 CI 隔离，机车维持运行。

5.5.24 机车行驶中弹停指示灯亮起、无动力输出处理办法

此种故障是弹停制动信号被输入到 TCMS 中，由 TCMS 发出禁止动力输出引起的。这时已经没有动力输出了，应停车检查，检查内容如下：

① 检查弹停风管有无漏风。如果漏风，可将制动屏柜上的 B40～B06 塞门关闭，手动缓解车下的 4 个弹停机构，即可切除弹停制动，并将弹停制动缓解信号送入 TCMS，机车可继续运行。

② 如果弹停机构工作正常，只是弹停指示灯亮起，经检查确认后，可将Ⅱ号端子柜内的 835 线与 899 线短接（短接要可靠），弹停指示灯灭后机车可继续运行。

▶注意：关闭制动屏柜上的 B40～B06 塞门，弹停指示灯在按缓解按钮后会熄灭，机车能够加载。但机车的一、三、四、六轮还处于弹停状态，可能会被擦伤，动车时一定要注意。

5.5.25 按压停放制动按钮不能制动、按压停放缓解按钮不能缓解处理办法

当按压停放制动按钮不能制动、按压停放缓解按钮不能缓解时，要检查操纵端的按钮机械性能，即电气触点 3、4 与 851、852 线的通断情况。

① 正常情况下，按下按钮时 851、852 在微机显示屏中变绿颜色，松开按钮时变黑颜色。如果它们的颜色不受按钮控制，一定要检查确认非操纵端的按钮情况。

② 如果停放制动按钮粘连，则停放制动能缓解，但不能制动，只有断开蓄电池后才能制动；如果停放缓解按钮粘连，则只要机车停放制动一次，机车就不会缓解，机车也不能加载。

5.5.26 不撒砂或打换向手柄后撒砂不止处理办法

1. 不撒砂

总风压力在 750 kPa 以上时，确认制动柜上 F41～F02 处于开启位，将换向手柄置“前”位或“后”位，脚踩撒砂脚踏开关，正常时能听到电磁阀吸合的声音，并有空气流动声音。如果电磁阀（如图 5-44 所示）没有吸合，则查看 803 线，应得电变绿颜色，如果仍为黑颜色，说明撒砂脚踏开关故障或 803 线断路。如果 803 在 TCMS 显示屏中是绿颜色，502、602、504、604 中有一个是绿颜色，则查看 810（820）的颜色，如果 810（820）是黑颜色，说明微机故障，需要更换微机。如果 810（820）是绿颜色，说明微机正常输出，检查微机下面的 SAND1/SAND2 中间继电器状态及 810（820）线路、撒砂电磁阀。如果撒砂风路、电路正常，而且撒砂管出砂口有风，说明砂箱下面的撒砂阀故障或砂路被异物堵住，需要拆下撒砂阀并清理周围异物。检查线路颜色的微机显示屏如图 5-45 所示。

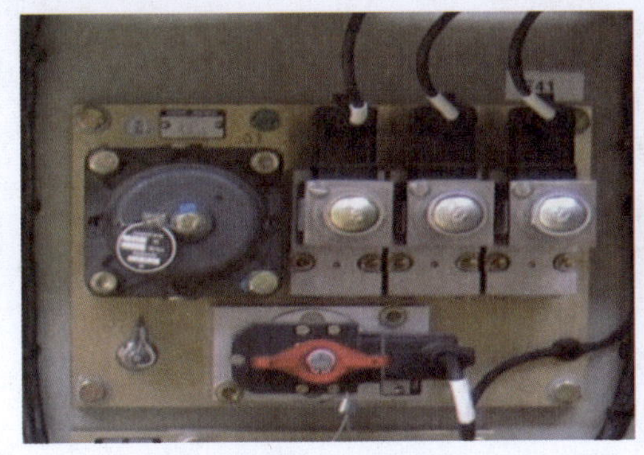

图 5-44 电磁阀

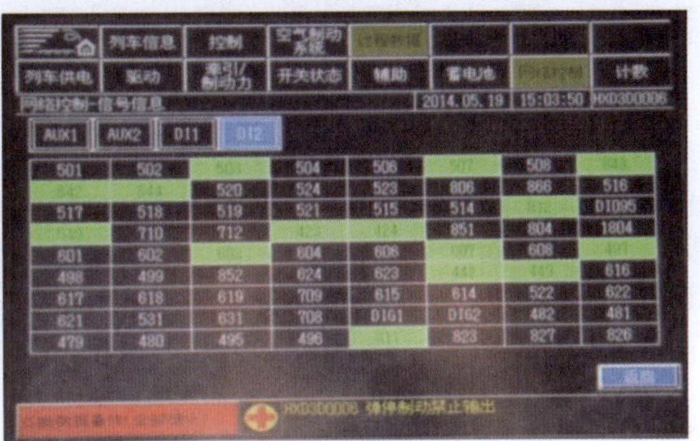

图 5-45 检查线路颜色的微机显示屏

2. 打换向手柄后撒砂不止

这种情况说明撒砂受微机控制，可去微机显示屏查看 803 的颜色，如果为绿颜色，则查找撒砂脚踏开关是否粘连，或 803 线是否路短接了 110 V 正电源。如果 803 在微机显示屏中是黑颜色，则说明微机故障，需要更换微机。当机车在运行时，可将制动柜上 F41～F02 关闭，需要撒砂时，再适时将其开启，维持机车运行，如图 5-46 所示。

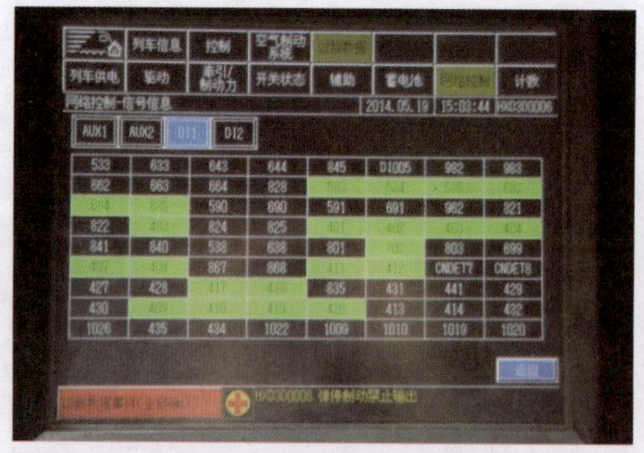

图 5-46　查看 803 的颜色

5.5.27　警惕装置故障处理办法

① 机车在运行中警惕装置出现故障，应根据各机务段的规定进行切除。

② 机车回段后，主要检查无人警惕按钮、警惕脚踏开关是否粘连，尤其是警惕脚踏开关。经厂家测算，此开关要在使用一年后进行解体检查并更换部分配件，才能保证其正常使用。脚踏开关控制 531、631 线，正常时它们在微机显示屏中为黑颜色，踩下时为绿颜色，可对其多次快、慢踩下，快、慢松开，观察 531、631 颜色，如果出现一次颜色无变化，便说明脚踏开关故障。如果 531 或 631 线一直得电，则它们在微机显示屏中一直为绿颜色，这就相当于警惕装置一直没起作用，即使操作警惕按钮、警惕脚踏开关也没用，直至产生惩罚制动后停车。

无人警惕按钮的线号是 521、621，检查方法同 531、631 线。

5.5.28　110 V 电源装置故障处理办法

110 V 电源装置含 PSU1、PSU2 两组充电电源，正常时它们同时工作，当有一组出现故障时，微机会自动切换至另一组工作。如果没有自动切换，则到电源柜处将面板上 SW1 单元选择转换开关置于单元 1 或单元 2 位，如图 5-37 所示。

① 如果两组 PSU 转换无效，仍然不能充电，机车可短时间维持运行至前方站，但要随时观察控制电压，不应低于 77 V，因为低于 88 V 报警，降至 77 V 时全车断电。在站停时对机车进行大复位，大复位后如果电源装置正常，可继续运用，否则需要请求救援。

② 当 PSU 故障时，可以查看微机显示屏的辅助电源界面，检查 PSU1、PSU2 的状态，红色为故障，绿色为运转正常，黑色为未使用，如图 5-47 所示。

③ 电源装置工作正常，但充电柜上的电压表指示值低于操纵台上电压表指示值，说明蓄电池亏电。可在微机显示屏上查看蓄电池电压值。长时间升弓充电可解决蓄电池亏电问题，当解决不了亏电问题时，要检查蓄电池性能，必要时进行均衡充电或更换蓄电池。

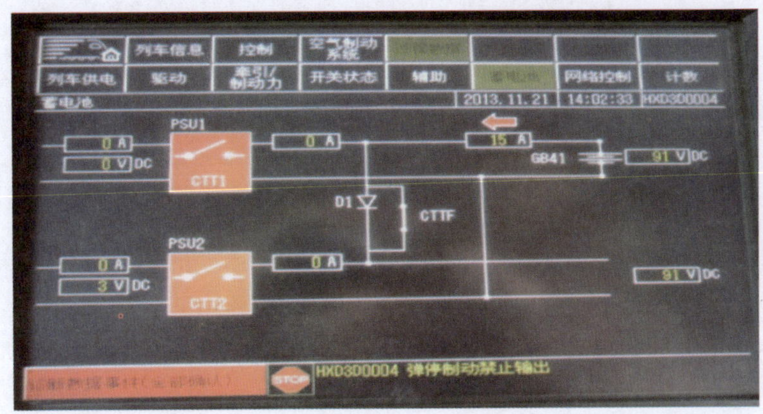

图 5-47　检查 PSU1、PSU2 的状态

5.5.29　列供故障处理办法

① 当列供集控无输出时，改用强供，即将扭子开关打到“隔离”位，如果有输出，机车可继续运行，回段再报修。

② 当两个供电柜 A 组无输出时，改用 B 组，如果有输出，机车可继续运行，回段再报修。

③ 当出现列供故障时，除查找供电柜外，还应查找机车问题。如果列供一直无输出，则需要检查电钥匙机械性能及触点导通情况、线路通断情况。主要检查电钥匙的 3、4 触点及 1065、1066 线的通断情况、供电钥匙的 1、2 触点及 1044 线的通断情况。如果列供正常，但微机显示屏报列供 Ⅰ 或列供 Ⅱ 故障，则要检查供电钥匙的 3、4 触点及 522、622 线的通断情况。

5.5.30　制动显示屏 LCDM 故障处理办法

① 在不影响制动机能时，可通过观察机械表维持运行。

② 打开操纵台左边柜门，检查 LCDM 屏后通信插头插接状况（如图 5-48 所示）。插头插接正常但制动显示屏仍无法恢复，可维持运行。

③ 当制动屏亮但无指针显示时，检查制动屏分线盒插头是否脱落，如图 5-49 所示。

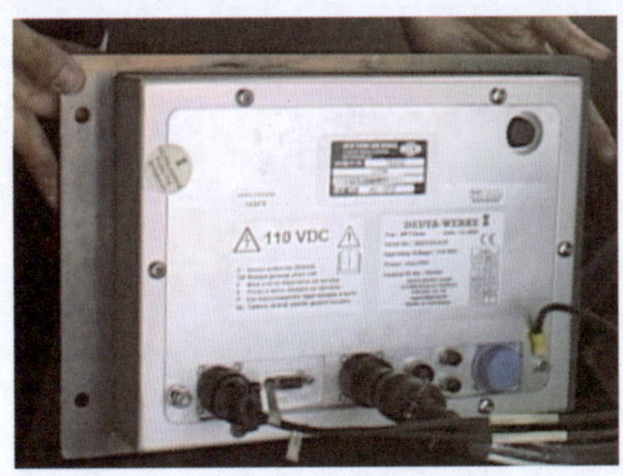

图 5-48　LCDM 屏后通信插头

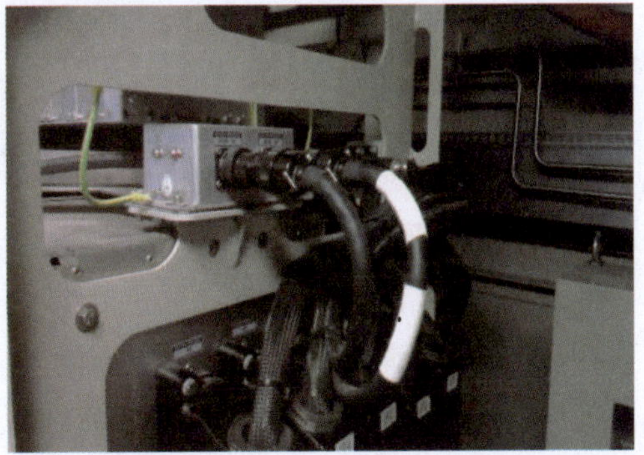

图 5-49　制动屏分线盒插头

④ 当以上处理无效时，采取大复位的方法处理。

⑤ 有条件时，可将机车前后端显示屏进行更换，更换完成后，按以下方法设置：

按 F7 键显示信息，再按 F3 键显示机车号，使用 F4 键将光标移动到机车号最后一个字母下方（Ⅰ端为 A，Ⅱ端为 B），然后按 F1 键，使车号及字母与 TCMS 的“Ⅰ、Ⅱ端”匹配，再按 F6 键接受设置，按 F8 键退出，并确认显示屏右下方新设置的 A/B 端正确。

学习工作单

<table>
<tr><td>任务 5.5</td><td colspan="3">HX_D3D 型电力机车应急故障处理</td></tr>
<tr><td>学习小组</td><td></td><td>姓名</td><td></td></tr>
<tr><td colspan="4">✧ 学习工作 5.5.1　HX_D3D 型电力机车应急故障处理时的注意事项</td></tr>
<tr><td colspan="4"></td></tr>
<tr><td colspan="4">✧ 学习工作 5.5.2　HX_D3D 型电力机车常用切除功能基本操作</td></tr>
<tr><td colspan="4"></td></tr>
<tr><td colspan="4">✧ 学习工作 5.5.3　HX_D3D 型电力机车常见故障应急处理办法</td></tr>
<tr><td colspan="4"></td></tr>
</table>